13—18 岁孩子的正面教育

# 陪孩子成长的那些事

主　编　　陈汝深
副主编　　林秀红

SPM 南方传媒

全国优秀出版社
全国百佳图书出版单位　广东教育出版社

·广州·

图书在版编目（CIP）数据

陪孩子成长的那些事：13—18岁孩子的正面教育 / 陈汝深主编 ；林秀红副主编 . — 广州：广东教育出版社，2024.1
ISBN 978-7-5548-5582-9

Ⅰ . ①陪… Ⅱ . ①陈… ②林… Ⅲ . ①青少年教育—家庭教育Ⅳ . ① G782

中国国家版本馆 CIP 数据核字（2023）第 212016 号

## 陪孩子成长的那些事：13—18岁孩子的正面教育

PEI HAIZI CHENGZHANG DE NAXIESHI：13—18 SUI HAIZI DE ZHENGMIAN JIAOYU

出 版 人：朱文清
策划编辑：卞晓琰
责任编辑：周 莉 周 晶 林晓珊
责任技编：佟长缨
责任校对：冯思婧
装帧设计：喻悠然
出版发行：广东教育出版社
　　　　　（广州市环市东路472号12—15楼　邮政编码：510075）
销售热线：020-87614229
网　　址：http://www.gjs.cn
E-mail：gjs-quality@nfcb.com.cn
经　　销：广东新华发行集团股份有限公司
印　　刷：佛山市浩文彩色印刷有限公司
　　　　　（佛山市南海区狮山科技工业园A区　邮政编码：528225）
规　　格：787 mm × 1092 mm　1/16
印　　张：14.5
字　　数：213千
版　　次：2024年1月第1版
　　　　　2024年1月第1次印刷
定　　价：48.00元

# 本书编委会

主　　编：陈汝深

副主编：林秀红

编写人员（以姓氏笔画为序）：

丘洁莹　刘　燕　陈汝深　唐　婷

崔　丹　隆　峰　温莹盈　蔡丽芳

# 养正扶助，陪伴成长

　　品读广州市天河区正面教育的案例成果，收获良多。印象最深的，是三个关键词：正面、案例、陪伴。受邀作序，我就谈谈对这三个关键词的感受。

　　教育本身就是正面的，教育即正面教育。或者说，养正扶助是教育的"本心"。人若不可教育，教育也就没有了存在的必要，人的可教育性是教育存在的前提。所谓可教育性，即人本身就具有积极的、向善的力量，教育就是要将本已存在的人性力量扩充、壮大。教育从来都不是"无中生有"的，而是"从小养大"的。我们常说，教育就是要在儿童心灵中种下良善的种子，但仔细推敲，这种说法并不准确。良善的种子本已在孩子的心灵之中，教育的任务不是播种而是呵护，教育是从种子到发芽、发育、成长的全过程。

　　对教育本心的发现古已有之。儒家主流的性善论，其实就是正面教育的人性根基。孔子讲"天生德于予"，将"德"视为"天道"在人身上的体现，"修德"（修己、修身）就是对每个人天生就有的德行的养与育。孟子讲"四端"，即恻隐之心、羞恶之心、辞让之心、是非之心，"人皆有之"。教育所要做的，不是在"四端"之外去开辟新的内容，而是将人

本身已经有的这"四端"扩而充之。

苏格拉底的"回忆",阐明的正是德行是灵魂本身的蕴含,教育不在植入,而在"引出",即将灵魂本身所蕴含的德行牵引出来并使之经过理性的验证进而发展壮大。亚里士多德将人的德行分为自然德行与完满德行两个层次,所谓自然德行就是天生就有的禀赋,而完满德行则是自然德行经过实践智慧淬炼与理性融合为一的德行。后者虽然是教育之追求,但对后者的追求一定是以前者为基础的。

正面教育即将人本已有之的良善德行呵护好并使之发展壮大,这不仅符合人之本性,也是教育规律的要求。人是复杂的存在,既有良善本性,也有作恶的可能,甚至可以说善恶一体。在成长过程中,在正向力量尚不够强大的情况下,将发展中的人暴露于恶的事物之中,其实是将其置于危险之中。因为在"正未养足"的情况下,人对恶的"免疫力"低下,很容易被恶沾染、腐蚀。养正,就是将儿童本身已有的良善力量扩而充之,而得到壮大的良善力量,其实也是抵御恶之侵袭的力量。

人们对正面教育有一些误解,比如认为正面教育就是将儿童放在温室之中,无法经历风雨的考验,也就无法形成对恶的"免疫力"。事实上,正面教育不回避恶,而是先养正,即在儿童获得一定的良善力量,对恶有了一定的抵抗力之后,才有节奏地让他们去面对恶,让良善力量经受淬炼进而得以坚固化。

养正扶助的教育本心,在现代教育中渐渐被蒙尘、遮蔽。在一些教育活动中,养正不再是焦点,而防范、惩处则成了焦点,教育活动变成了预防犯错与惩处儿童的代名词。这种教育活动背后,其实是有人性预设的,即不再相信人包括儿童的良善本性,不再相信教育的养正本心,反而相信人与儿童的消极性,相信教育的任务在于防堵或"制恶"。

预设即教育。当我们从消极方面来预设、看待儿童的时候,我们的教育实践本身就带有了消极性,本身就在向儿童发出暗示。在一定程度上,预设也是诱发。预设儿童的消极性，儿童就会表现出消极性。防堵或"制恶"导向的教育，在儿童犯了错误之后，往往实行严厉的惩处。在惩处逻辑下，让犯错者付出代价以吓阻犯错者和其他人不再犯错的逻辑成了主导性的逻辑。吓阻逻辑，利用的不是儿童内在的积极力量，而是恐惧等消极因素。吓阻逻辑的盛行，使教育异化为与法律制裁类似的活动，养正扶助的教育本心则被进一步搁置。

以吓阻、威慑为逻辑的"消极教育"（如果还算得上是教育的话）问题如此明显，但在现实中为什么还有那么多人痴迷向往呢？这里面有一个迷思，那就是不切实际地渴望通过"非教育的方式"来解决教育问题，渴望通过威慑来"防患于未然"，渴望通过惩处来获得立竿见影的效果。威慑利用的是人的消极力量，压抑的是人的积极力量，效果不能长久还是其次，关键是不能促进人的发展；惩处频用，掩盖的是问题，带来的是伤害。学术研究早已发现，那些在学校总是受到惩处的孩子，走出校门之后做出的越轨、违法甚至犯罪行为往往更为严重。

正面教育是教育的"本心"，这个道理不难理解。但知易行难，在大规模、竞争化的教育时代，如何实行是一个很大的挑战。在大规模教育下，约束是最容易使用的手段，而约束利用的是人的自我保护等消极力量；同龄人聚集在一起接受教育，激发竞争是最方便的管理手段，而竞争逻辑背后同样是利用人之争强好胜等消极力量。作为教育之本然形态的正面教育困难重重，而消极教育则畅通无阻，可以说是正反颠倒。在这种局面下，渴望一朝一夕式的全局性改变并不现实，但可以从局部和细节做起。广州市天河区通过多年实践研究所凝聚的正面教育案例集，正是这种努力的体现。

这套丛书，聚焦正面教育的丰富案例，以鲜活的教育活动细节来呈现正面教育的生动过程。每一个案例，都是从行为描述开始，然后详细呈现正面教育的全过程，最后是教育反思。这样详细的呈现，能最大限度地展

现针对具体行为问题进行正面教育的细微精到之处，"毫发毕现"，可以为读者的学习和使用提供最为详尽的参考。更为难能可贵的是，这个成果集，不但细说了如何做的过程，还讲清楚了这样做的道理。在每个案例的开头，都简明扼要地呈现了所针对的行为问题、所运用的正面教育理念与所使用的正面教育工具。这个看似简单的环节，实际上至关重要，一方面为整个教育案例的展开提供了理论依据，另一方面也为读者如何借鉴、使用案例提供了理念与方法指导。

以案例呈现研究成果也有局限性，那就是不易体系化。本套丛书对这个局限性也有所突破。每个案例聚焦于一个问题，但几个案例组成一个"单元"，共同指向一个"问题域"，不同的"问题域"组合在一起，就涵盖了不同学段儿童发展中的基本主题，比如，小学阶段的"问题域"包括内驱力、师生关系、情绪管理、班级生活、行为规范，建构出对小学生进行正面教育的一个相对完整的体系。这样的精心设置，既可以为读者提供单个问题的详尽参考方案，又可为正面教育的整体实施提供体系化指引。

丛书所进行的正面教育，也可以说是家长和教师以陪伴的方式进行的，体现出"教育即陪伴，陪伴即教育"的特色。案例所记录的，从专业来看，是正面教育的一个个细节；从生活来看，是父母和教师陪伴儿童成长的过程。儿童无法独自成长，每个儿童的成长都发生在"人之间"，都需要上一辈的陪伴。陪伴作为教育方式，有约束、管理、管教、训练等其他方式所没有的独特优势。首先是陪伴具有情感性。父母和教师对儿童成长的陪伴，其实是爱的一种方式，是以陪伴去爱儿童。其次，陪伴包含着对儿童自主的尊重。作为教育者，我是陪儿童成长的，在儿童需要的时候会给予帮助，但成长与发展主要还是儿童自己的事情，我不会横加干涉。再则，陪伴也是示范。教育者的陪伴，不是将注意力都放在儿童身上，时刻关注儿童做了什么、该如何做，而是与儿童自然交往，以自己的良好行为与适当反应为儿童做出示范。最后，陪伴作为教育方式，体现了"大处着想，小处着手"的思想。教育者陪伴儿童，不是想去主导其生活与发展方向，而是扶助其自主发展，让他们成为主体性存在，这是从大处着想；但在具体生活细节上，教育者又时刻在儿童身边，给予尽可能的支持与帮助，这是从小处着手。两个方面结合，才是有效且美好的教育。

　　以上是我学习正面教育案例集的点滴体会，权充为序。

华东师范大学教育学部　高德胜

2023年11月

# 目 录
CONTENTS

## 第一章　学习习惯

"弹"开孩子的心门……………………………………………… 2

向挫败感说"不"………………………………………………… 7

帮孩子找到价值感……………………………………………… 11

## 第二章　文明礼貌

一个篮球引发的事件…………………………………………… 18

学会控制你的情绪……………………………………………… 23

一双鞋子引发的纠纷…………………………………………… 28

"尊重"消融冲突，"错误"赋能成长………………………… 33

善用错误目的表，巧化师生冲突……………………………… 38

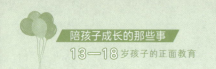
## 第三章　青春飞扬

找到与孩子共处的"特别时光" …………………… 46

他终于笑了 …………………………………… 51

再见吧，孤立君 ……………………………… 55

由座位引起的一场风波 ……………………… 60

喜欢是一种很美好的感觉 …………………… 64

给情绪气球松口气 …………………………… 69

老师，小雨"发飙"了 ……………………… 74

青春期的陪伴与等待 ………………………… 78

从"抬杠"到"辩青" ……………………… 83

重新建立连接 ………………………………… 87

给情绪叫"暂停" …………………………… 92

## 第四章　班级管理

我不是坏孩子 ………………………………… 98

收齐作业也没那么难 ……………………… 101

我能按时交作业 …………………………… 106

迟来的英语作业 …………………………… 111

那是一个载满爱的座位……………………………………116

我们的座位，轮流坐………………………………………121

正面教育燃起班干部主动意识之心………………………126

改变，从心出发……………………………………………131

当"惩戒"有了温度………………………………………135

读懂孩子"冰山之下"的需求……………………………139

迟到将会是我的过去式……………………………………144

## 第五章　家校共育

爱让"冰山"融化…………………………………………150

打开心灵的钥匙……………………………………………155

一"网"情深………………………………………………160

"危"与"机"……………………………………………165

从一扇坏了又修好的门说起………………………………170

不变的爱……………………………………………………175

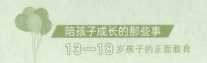

## 附　录　班会实录

不负时光，不负己

　　——引导初中生探讨时间管理之道……………… 179

奋斗正青春，迎接新挑战

　　——对"如何解决初中新挑战"的探讨……………… 187

家的天空

　　——对"亲子关系紧张"的探讨……………… 196

拒绝乱丢垃圾，争做文明学生

　　——对培养学生卫生意识的探讨……………… 204

我爱我家

　　——对"亲子关系紧张"的探讨……………… 211

第一章

学习习惯

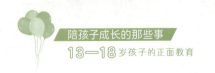

# "弹"开孩子的心门

**行为关键词：** 上课不听讲

**运用正面教育理念：** 要"赢得"孩子，而不是"赢了"孩子。

**运用正面教育工具：**

1. 注意把握时机。

2. 转化不良行为。

行为描述

学无止境，每个人的一生都需要学习。学校是中学生学习的主阵地。在学校里，学习积极性高的学生，上课专注度非常高；但是在班级上，也会发现上课不听讲的学生。他们因为自身基础薄弱，对学习没有兴趣，缺乏学习目标，一到上课时间便无精打采、左顾右盼、托腮发呆，甚至做各种小动作，注意力极度分散。

中学阶段是中学生增长知识、提高能力与修养的重要阶段。如何引导学生发掘学习的自驱性，培养其强烈的求知欲，作为老师责无旁贷。

新接班级不久，一个名叫小乐的学生引起了我的注意。他不仅在课堂上不认真听讲，找周围的同学说话，而且经常缺交作业，成绩也处于班级末尾。为了帮助小乐尽早做出改变，我为他精心地准备了一次师生谈话。首先，我列举了小乐上课不听讲、纪律不佳、不交作业等行为导致其成绩落后，所在小组频繁扣分，小乐被同学埋怨的事实。接着，我列举了班级里那些因课堂仔细听讲，课后作业认真完成而受到老师和同学们称赞的同学作为正面榜样。我觉得这次苦口婆心的谈话非常有效，没想到第二天小乐的行为丝毫没有转变，我的自信心第一次受到打击。

之后，小乐因为纪律不佳与学习懈怠的问题，成为小组同学的吐槽对象和各科老师黑名单的"榜首"。同时，他也成了我办公室的"常客"。一开始，我坚信，"只要功夫深，铁杵磨成针"，只要每天放学坚持10分钟的耐心说教，小乐一定会有所转变。两周下来，我每天的苦口婆心，换来的是小乐对我的教育的"三不政策"：不反驳、不回应、不行动。我的自信心第二次受到了打击。

怎样才能让小乐听劝呢？我不禁想起了正面教育的理念之一：要"赢得"孩子，而不是"赢了"孩子。是的，只有孩子内心接纳我，我才能真正地赢得孩子的心。但是，我要怎样才能走进小乐的内心，让小乐接受我的教育呢？一次课间，我偶然发现小乐和几个要好的同学玩一种弹笔游戏，玩的过程中，我看到了小乐眼中有光芒，脸上有笑容。于是我心中暗喜，也许，这个游戏可以作为教育的突破口。

正面教育中，"把握时机"是一项有效的正面教育工具。给予孩子鼓励要在"非冲突时间"，即你能够给予鼓励，并且孩子也愿意接受鼓励的时候，才能起到一定的作用。于是，我开始每天谋划着创造与小乐的"非冲突时间"。终于，等来了周五小乐小组值日，我的"如意算盘"是放学后借着检查卫生的幌子，找寻和小乐的"非冲突时间"。等到小乐小组完成了值日，提前准备的棒棒糖终于派上了用场。发到小乐的时候，糖"碰巧"发完了，于是精心准备的笔顺理成章地成为替代棒棒糖的奖励。

我故作不知地问："对了，听说最近班上有同学在玩一种弹笔游戏，好不好玩？怎么玩的呀？"

小乐有点惊讶地说："周老师，您也知道弹笔游戏呀！规则是这样的，首先，每人拿一支笔，用猜拳的方法来确定弹笔的先后顺序。然后，一方用手拿着自己笔的一头，以它为中心，可以转动笔，但中心不能动，把别人的笔弹下场地，最后笔留在场地上的一方就赢了。"

在小乐解说游戏规则时，我始终注视着小乐，面带微笑，专注地倾听，我坚信，当孩子觉得受到了尊重之后，他们才会尊重你。

听完小乐的游戏规则，我赶紧趁热打铁地说道："哦，原来如此，谢谢小乐老师的详细介绍。这么好玩的游戏周老师也想试试看，一起玩吗？"

如我所料，爱好弹笔游戏的小乐开始和我玩了起来。第一局，以我的笔被远远地弹出场地告终。紧接着，第二局和第三局均以小乐的获胜而终结。就这样，我和小乐在融洽、欢乐的氛围中玩了十局。

借着和谐的氛围，我开启了和小乐的友好对话。

我："你简直是弹笔高手。平时你也经常获得胜利吗？"

小乐："不是的，一开始我屡战屡败，因为我把笔摆得和别人的笔特别近，一下子就被弹出去了，就像老师您刚才一样。"

我由衷地赞赏道："哇，那你现在这么厉害！怎么做到的呢？"

小乐听到夸奖后，开心地笑着说："后来我琢磨了很久，吸取了教训，每次把笔摆在一个最佳位置，这个位置让我可以弹到别人的笔，别人却弹不到我的笔。有了这个诀窍，我就连连获胜了。"

听到这，我心中暗自开心。正面教育工具中有一种工具叫做转化不良行为，即寻找不良行为中显露出来的天赋或能力，引导孩子把这些天赋或能力转向建设性、有贡献的方向。小乐对小小的弹笔游戏都能深入研究，如果把这股劲用在学习上，肯定可以有进步。小乐的心门终于慢慢地向我打开，我的教育契机来了。

于是，我借机补充道："在刚才的游戏中，最吸引周老师的是由弹笔游戏衍生出来的精神。弹笔，讲究的是'力'和'技'。'力'指力量，弹的时候要有一定的劲道；'技'指技巧，弹的时候需要判断合适的角度，要用最少的步数将对手的笔弹下场地。所以，简单的弹笔游戏，其实蕴含了一定的学习道理。要取得好成绩就得勤于思考，并且付出踏踏实实的努力。你能答应周老师，改变自己，努力学习吗，弹笔高手？"

小乐听完，点点头，立即回应道："老师，我记住了，一定会努力的。"在接下来整整一周的表现中，我没有反复地和小乐强调纪律，相反，小乐经常主动找我聊天谈心，一天又一天，从上课不听讲到开始做笔记，和同学讨论问题，小乐的纪律在慢慢地改善，小乐的学习成绩也随之在逐渐地进步。

我想，这得益于我和小乐的弹笔游戏。一次看似幼稚的游戏，"弹"开了我和小乐的隔阂。要想走进学生的内心，必须打开学生的心门。原来，我们和学生的距离可以这么近。

在今后的德育工作中，我会继续爱学生所爱，想学生所想，真正地走进学生的心，了解学生，用一颗真心赢得无数童心！

自我反思

　　案例中的事件本身是稀松平常的，作为老师，遇到上课不听讲、不爱学习的学生在所难免。小乐的案例告诉我，学生内心真正意识到学习的重要性，比老师生硬地说教更管用。作为老师，我们要善于关注学生的兴趣，肯定学生的优点，把握"非冲突时间"的恰当时机，走进学生的内心。每个学生的性格特征都各不相同，在教育的过程中，老师应安排个性化的策略，因材施教。由于学生的学习能力强弱不一，所以在实际解决问题上所花费的时间也会不尽相同，老师需要有极大的耐心。教育是要"赢得"孩子，而不是"赢了"孩子。

　　教育虽千变万化，但是我坚信，每一朵花都能在和善而坚定的正面教育理念的浇灌下，迎来它的绽放！

作 者 信 息

姓　　名：周灿　　　　　　　　　　单　　位：广州中学

# 向挫败感说"不"

**行为关键词：** 对学习丧失信心

**运用正面教育理念：** 一个行为不当的孩子，是一个丧失信心的孩子。

**运用正面教育工具：**

1. 纠正之前先连接。
2. 鼓励。

行为描述

　　根据埃里克森人格发展的八个阶段理论，初中生处于青春期（12—18岁）早期，这一阶段的核心问题是自我意识的确立和自我角色的形成，但初中生的自我意识仍处在刚刚发展阶段，还不能对自己进行正确的评价，当不能积极、正确地认识自己时，就会产生自卑心理。对于刚刚步入初中的学生来说，学习内容增加，学业难度增大，有些学生适应不了，产生挫败感，内心的驱动力不足，逐渐丧失信心。

　　老师需要理解孩子的行为，读懂孩子行为背后的信念，引导孩子正向发展。

情景案例

小吴，自初一开学以来，上课总是注意力不集中，经常睡觉，遭到多个科任老师投诉，成绩差，学习自主性低，作业经常缺交、乱做。但是小吴体育特长突出，积极地参加了学校的校运会。

我从家长那里了解到小吴的情况：小吴有一个双胞胎弟弟，成绩优异，在区内另外一所初中就读，有一个姐姐，成绩优异，已经大学毕业。小吴在四年级以前成绩都很优秀，但在疫情期间沉迷游戏后，成绩一落千丈。现在父母已经对他进行手机管控，但小吴表示上课听不懂，作业不会写。据小吴妈妈反馈，孩子对家长报喜不报忧，考试只告诉她稍微好的科目成绩。父母经常出差到外地，兄弟俩自己在家照顾自己。

再根据小吴在校的表现，结合个体心理学的相关理论，我意识到小吴是一个自尊心强、学习基础差、缺乏自信的学生。同时，他也是一个渴望被看见、被关注的孩子，结合正面教育里的相关理论，恰当的鼓励能让孩子恢复信心和勇气，积极地看待自己，唤醒内心的生命力。于是，我决定采用正面教育的工具——鼓励。

一天中午，英语老师给我看了小吴的作业，选择题全错，很明显，他在乱做、敷衍。我拿着英语试卷走到他面前，问他是怎么回事。他迟疑了一会儿便戏谑道："老师，我完美地避开所有的正确答案，是不是很厉害？"我知道他在回避自己的问题，由于他自尊心强，并不想让老师知道自己不会，于是我平和地跟他说："你先重新认真做一遍吧。"

他趴在桌子上，十几分钟过去了，完形填空一道题都没有写，于是，我把他叫到外面的文化长廊，让他坐在我旁边，这时，我们是平等的。
（营造安全、平和的谈话氛围，为鼓励做铺垫。）

我知道沟通的第一步是建立良好的信任关系，但是很明显，他现在并没有对我敞开心扉，我需要引导他表达内心真实的想法，于是，我放缓语气，跟他说："现在只有老师和你，老师不批评你，你告诉老师，你为什么刚刚没有认真完成？"他犹豫了一会儿，情绪有些低落，但还是不说，于是我轻轻地拍打他的肩膀，说道："心里有什么都可以跟我讲，这样老师才能帮你哦。"（第一步，建立连接，建立良好的信任关系，鼓励孩子真实表达，用鼓励代替激励。）

　　突然间，他的眼泪掉了下来，小声哭泣道："我觉得我回不去了，那些题目我根本看不懂，我觉得考高中也不可能了……"我等他倾诉完，心情平复之后，安慰道："虽然你现在不会，但是离中考还有很长时间。老师发现你跑步很快，在校运会也获得了800米的冠军，如果有机会尝试体育特长生，也是有很大的机会的！"（第二步，关注优点。学生在做得不好的时候内心其实是很沮丧的，关注孩子的优点不仅能帮助他获得归属感和价值感，也有助于孩子恢复信心，从而有精力关注事情本身。）

　　小吴听完情绪缓和了很多，但补充道："特长生也需要成绩的，可我觉得太难了，根本做不到。"听到这里，我意识到，他对于改变行为的信心仍然不够，导致他不愿意去尝试。于是我鼓励道："我经常看到你上体育课时汗流浃背了也在坚持跑步，这是意志力强的体现，老师为你点赞；同时我也注意到了你总是会把自己的课桌收拾得干干净净，这也是很好的习惯。我相信在学习上你也会克服困难，取得进步。"（第三步，运用恰当的方式进行鼓励，包括描述式、激励式、赋予力量式，如"我看到……""我相信……"。）

　　他点了点头，但我知道他当时还是迷茫的，不知道怎么办，因为他的基础实在是太差了。于是，在那天中午，我简单地跟他讲了几个基本句型，他表示能够听懂。我也告知他如何从基础开始学起，建议他先从简单的内容开始学习，并且要求他每天制订学习计划，完成后找我签名，还鼓

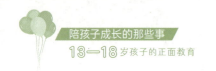
励他积极找科任老师询问方法。他表示愿意尝试。（第四步，鼓励不能只停留在嘴上，还要付出行动。行动上的陪伴与支持，才是孩子真正战胜困难的强大力量。）

这次谈话后，他在课堂上的表现积极了很多，学会记笔记了，家长也反馈他在家会积极主动学习，虽然作业质量有时还是不高，但是对待学习的态度已经有了很大的进步。

自我反思

　　作为一名新手班主任，虽然我没有丰富的育人经验，但是学习了正面教育、个体心理学相关理论之后，我意识到，学生工作最重要的还是"抓心"，只有真正了解了学生的心理需求，后续的工作才能更好开展、更有成效，而要了解学生，师生良好的信任关系就至关重要，这也是做好学生工作的必要前提。在此案例中，如果采用说教、责备的方式，学生将很难吐露心声，而会选择回避、拒绝，可能短期的行为会有所改善，但其内心的驱动力却无法得到激发。创建良好的关系，积极地鼓励，才能让学生对自己认为不可能做到的事情说："我可以！"

作 者 信 息

姓　　名：黄博　　　　　　　　单　　位：广州市骏景中学

# 帮孩子找到价值感

**行为关键词：**考试交白卷

**运用正面教育理念：**

1. 关注问题的解决，而非让孩子付出代价。

2. 孩子感觉好的时候，表现才会好。

3. 孩子的首要目的是追求价值感与归属感。

**运用正面教育工具：**

1. 控制你自己的行为：榜样是最好的老师。

2. 创建积极的暂停区。

3. 赢得孩子合作的四个步骤。

4. 信任。

行为描述

　　初三学生面临升学压力，中考日益迫近，思想、心理、行为等具有一定的复杂性和特殊性。部分学生对待学习表现出放弃的态度，他们由于基础太薄弱，或者虽然经过努力，但成绩没有进步；或者学科发展不平衡，思想进入"升学无望"的误区，因此成绩越来越差，甚至关键时刻自暴自弃；或者已经计划好读职业技术学校，对学习成绩要求不高。这部分学生往往在上课时不听讲，要么睡觉，要么干扰其他同学；课后不能完成作

业；考试时甚至交空白卷。他们的情绪容易激动，与同学或老师的矛盾冲突不少，实属内驱力缺乏。面对这种情况，本着立德树人的根本目的，作为老师需要帮助这类学生重新树立信心，增强内驱力，增强他们的价值感和归属感，引导他们勇敢地面对中考。

情景案例

区一模时，我负责巡考。当走到七班巡查时，我发现小杰趴在桌面上睡觉。我走到他旁边，拿起试卷看了看，他只写了选择题，材料题全是空白，我心中不免有些不满，但是想到小杰平时学习态度差，而且冲动易怒，我忍住没表现出来。虽然材料题会比选择题稍微灵活些、难度大些，但只要结合材料找到问题的相关词句，稍微加工下，即使摘抄部分原文，也是可以拿到一些分的。如果不写，全卷一半的分就没有了，太可惜了。估计有些学生也如小杰一样不写，我意识到要鼓励小杰完成材料题，也有必要在全班甚至全年级强调下材料题的考试要求。

我轻轻拍拍小杰的肩膀，提醒他考试时不能睡觉，他有点不高兴，但还是坐直了身子。我再次提醒他必须完成材料题，他有些无动于衷。我有点生气了，想批评他。突然，我想起正面教育的建议："控制你自己的行为：榜样是最好的老师。当你无法控制自己的行为时，还希望孩子能控制他们的行为吗？创建你自己的积极暂停区。"此刻是考试，如果我一直提醒他，他可能会认为我针对他一人，这样解决不了问题。我又想起了正面教育的基本理念之一："关注问题的解决，而非让孩子付出代价。"我来到讲台前，提醒全班每个学生都必须完成所有题目，不能留空白，要争取每个题目都能得分。同时，我也注意到小杰开始动笔写了，正所谓"孩子感觉好的时候，表现才会好"。如果我单独提醒小杰，小杰会感觉我针对他，可能会无动于衷；而当我在全班提醒时，小杰感觉好了，便开始动笔写。

全区阅卷结束后，我特意找出小杰的试卷和答题卡，发现他写了部分材料题，其他题目确实是超出了他的能力范围。这说明他至少当时有听从我的提醒，那么，能不能再引导他克服畏难心理，争取以后考试时继续把所有题目写完？这时我脑海里浮现正面教育的另一个工具：赢得孩子合作的四个步骤。

利用午休前的时间，我找了小杰。为了消除他的戒备心理，我要先调节好他的情绪，首先表达我对他这次考试能完成部分材料题的感受。我说："小杰，老师注意到你这次考试写了材料题，是不是比较有成就感？现在我帮你批改，看看得分怎样，如何？"他点头同意了。看着我在答题卡上的某些题上打了红勾，小杰的脸上洋溢喜悦的表情。我趁机说："不错哟，能答对这么多题，说明你当时有用心答题。"他满心欢喜地说："谢谢老师！"孩子的首要目的是追求价值感与归属感，小杰也不例外。

接下来想要赢得孩子的合作，就要表达对孩子的同情（同理心），让孩子知道老师是站在他那一边的，是爱他的，拉近和孩子之间的距离。我说："小杰，老师知道当时考试中的材料题较多，要全部完成确实很难。说实话，我以前做题也如你一样，一看到材料题，脑袋仿佛要开花，总是无法理解材料的意思，答题也无从下笔，得分因此很低。后来，我试着认真阅读问题，然后带着问题细读材料，发现也能从中找到并提炼答案。逐渐我做材料题越来越好了。"

我想接着告诉孩子老师此时的真实感受，老师的感受也很重要。"小杰，你这次的材料题能得分，正是因为你运用到了老师讲的解题方法。而且你的书写这么工整清晰，老师非常愿意阅读并批改。老师希望能够在平时作业中，批改到你的材料题答案，更希望在上课时看到你认真听老师讲题，掌握答题技巧，可以吗？"

小杰听到我对他的肯定，愉快地答应："可以。"

接下来应该和孩子共同寻找解决问题的办法，而不是让孩子付出代价。"那下次区二模，你准备怎么应对？"

"我保证做完所有题目。"

"老师听到你的保证，知道你更愿意努力了。那你打算如何做材料题呢？"

"下次做材料题时，一定看准问题，再对着材料找到能对上号的词句，写答案时不要照抄，稍微改动下原来句子的个别词或顺序。"

孩子瞬间有了价值感和归属感，真正学会自己思考解决问题的方案，这正是来自我给予他的信任。当我们对孩子表达信任时，孩子会激发出对生活的勇气和对自己的信任。

同时，我还需要进一步对小杰加以训练，强化他的价值感和归属感。花时间训练，小步前进。我继续说道："老师相信你，小杰，只要你平时坚持按老师的解题方法训练做题，你也可以取得好成绩的。"

沟通后刚好到了午休时间，看着小杰一蹦一跳地离开办公室，我知道考试答题问题得到了基本的解决。但要想巩固这一成果，我还需时刻关注他的学习状态，每天找些容易的题训练他，并不间断地鼓励他，激发他的学习兴趣，提高他的内驱力和价值感。毕竟孩子的首要目的是追求价值感与归属感。

区二模时，我再次特意去关注小杰。看到他皱着眉头在思考，我鼓励道："小杰，我看到你在认真思考，比上次进步了很多。不用急，考试时间够，你只要仔细阅读材料就可以答上来的。"小杰点头回应了我，眉头也舒展了许多。二模阅卷结束后，我在教室再次批改小杰的答题卡，正确率比一模高了很多，我当场在全班面前表扬小杰。很多同学对小杰投来了羡慕和钦佩的眼光。小希和小铭见此状，也跃跃欲试，不约而同地拿着答题卡给我批改，尽管他们没有完成全部题目，但也得了一些分。借此机会，我鼓励他们向小杰学习，争取多得分，为中考而努力冲刺。他们受到了鼓舞，也表示中考时一定完成全部题目，为中考最后一搏加油。

　　案例中小杰由于基础薄弱，在学习中受挫太多，没有成就感，对学习失去信心，自暴自弃，考试过程中只写选择题不写材料题。面对小杰的情况，我摒弃了批评和自责的做法，积极调整自己的情绪，给小杰正面的引导，让小杰感觉好然后做得好；鼓励小杰积极尝试，同时进行学习方法指导，花时间训练，小步前进；并给予积极反馈，帮助小杰在考试中获得成就感，在学习中找到价值感，收获成长的喜悦。孩子的首要目的是追求价值感与归属感。当孩子在学习上收获了成就感和价值感，发现"我可以"的时候，努力学习也就是水到渠成的事。

## 作 者 信 息

姓　　名：吴菊兰　　　　　　单　　位：广州奥林匹克中学

第二章

文明礼貌

# 一个篮球引发的事件

**行为关键词：**打架

**运用正面教育的理念：**关注问题的解决，而非让孩子付出代价。

**运用正面教育工具：**

1. 使用启发式问题。

2. 进行反射式倾听。

3. 使用正面教育情感脸谱。

行为描述

　　青春期的学生受激素水平的影响，容易情绪失控或跟同伴产生肢体冲突。当冲突发生之后，一味地批评或惩罚并不能让学生真正认识到错误和习得处理事情和情绪的方法。引导学生学会换位思考，理解对方的需求，勇于承认错误，并学会用正确的方式解决冲突，作为老师责无旁贷。

　　周一的早上回到办公室，我突然收到初一年级班主任张老师的信息，原来上周五放学后，他们班的小章和我们班的小唐在球场打球时，发生了言语冲突，后来升级到肢体冲突。当小唐打小章的时候，正好被前来接孩子的小章妈妈看到了，小章的妈妈很生气，一定要班主任出面解决这个问题。

　　我一听就来气了，还有一个月就要中考了，小唐怎么还会因为打球跟低年级的学生起冲突，一点儿都没有学长的样子。正准备去班上找他"兴师问罪"，我突然想起正面教育里提到的理念："关注问题的解决，而非让孩子付出代价。"如果直接把他揪出来批评一顿，小唐肯定会不服气，因为打架冲突事件，往往不是单方面的问题。如果硬要小唐付出代价，不仅无法解决问题，可能还会让小唐心生怨恨，甚至私下报复小章。

　　想到这，我平静了下来。我决定把小唐请到办公室，运用"启发式问题"，先听听他对整件事情的描述。小唐一到办公室，我便搬了张椅子，让他面对我坐下。我没有挑明原因，而是语气平和地问他："上周五放学后，你留下来打球了对吧？可以告诉我发生了什么事吗？"小唐是个聪明的学生，一听就明白了，一五一十地告诉了我整件事的过程。

　　原来那天打球的时候，小唐没有带球，刚好初一年级的小章多带了一个球，小唐便向小章借了球打。后来，学校清场时间到了，小章准备带球走了，但意犹未尽的小唐还想继续投入最后一个球，便向小章要求再打最后一下。着急离开的小章没同意，不仅口出狂言，还比了个"中指"。小唐顿时觉得受到了冒犯，便在校门口堵住小章，要小章道歉，结果小章不肯道歉，还讲脏话，小唐便抬手打了小章，刚好被前来接小章的妈妈撞见

了。整件事的描述跟张老师告知我的基本一致，看来小唐并没有撒谎。

小唐描述完，一脸的忿忿不平，于是我接着问他："你可以告诉我这件事情发生的时候你的感受吗？"

小唐有些激动地说："我的感受很不好，我很生气。"

我用反射式倾听的语句重复了他的话："你感到很生气，是因为受到了冒犯，你希望得到尊重，对吗？"小唐使劲地点了点头。看得出来，小唐是个自尊心很强的学生。

接着，我一脸好奇地问小唐："那你认为当时小章有怎样的感受呢？"小唐摇了摇头说："我不知道！"

于是，我把我的"难处"摆了出来："今天小章的班主任告诉我，他妈妈那天看到自己的儿子在学校被打，非常生气，一定要班主任处理并给个说法。对于这个问题的解决，你有没有什么好主意啊？"

小唐想了想，低下了头，沉默不语。

看着小唐为难的表情，我继续说道："其实，老师认识你三年了，知道你是一个很讲道理的学生，不可能不分青红皂白就动手打人。打架事件往往一个巴掌拍不响，这件事可能需要你们俩共同来解决，那你愿不愿意跟小章面对面地解决这个问题呢？"小唐点点头，接受了我的建议。

征得张老师的同意，我把小章也邀请到我的办公室，我告诉小章我已经知道了整件事情的来龙去脉，想了解一下事情发生时他的感受。由于小章不是我的学生，我们之间缺少连接，为了避免小章有心理负担，我提前准备了"正面教育情感脸谱"，让他从上面挑出最符合他当时感受的词。

小章仔细地看着"正面教育情感脸谱"，最后选择了"心烦""生气""担忧"。

我问小唐："关于小章的选择，你有没有觉得疑惑的地方？"

小唐一脸疑惑地问小章为何选择了"担忧"。

小章小声地说："因为我担心初三的师兄们会找人教训我。"

小唐听后不好意思地笑了笑。

接着，我一脸好奇地问小章："你愿意将球借给师兄，可见你是一个大方又友善的学生，为何后来会'口吐芬芳'甚至比中指呢？在这些行为的背后，你真正的需求是什么呢？"

我拿出提前准备好的写满"需求"的卡片让小章选，小章思考了片刻，从中选择了"尊重""被理解"。

看到小章的选择，我笑了："看来你俩的需求是一致的呀，都希望得到尊重，但是你们的行为好像都没有让自己的需求得到满足啊！"我继续用"启发式问题"："如果回到当时那个场景，你们有什么好的办法解决这个问题吗？既尊重对方，又让自己得到尊重的好办法。"

小唐和小章想了想，接着便你一言我一语地说了起来。

"我当时应该控制住我的球瘾，其实多打一下，少打一下，关系都不大的。"

"我应该先告诉你，我妈妈就在门口等我，我着急走了，没法借你球了。"

"我其实还可以找球场的其他同学借球。"

……

我在一边静静地听着他们提出的解决方案。没想到，他们能提出那么多解决方案，完全不需要我告诉他们应该怎么做。

最后，我问他们怎么看待他们当时的行为，讲脏话、做不文明手势、打架……究竟对不对。他们俩都摇了摇头。我接着问："那既然做错了，应该怎么办呢？""那我们互相道个歉吧。"不愧是初三的学长了，小唐率先提出了建议。小唐和小章各自说了自己做得不对的地方，并互相道了歉，最后还鞠了个躬，终于两人都解了心结。一个由篮球引发的打架事件也告一段落。

## 自我反思

　　俗话说，一个巴掌拍不响。打架事件往往不是单方面的问题，而是双方都有错，才会最终升级到肢体冲突。在这个案例中，如果老师的关注点在于让学生为自己的不当行为付出代价，学生可能就无法意识到自己存在的问题，更别提学会解决问题了。案例中，我并没有一接到投诉，就冲动地责问或处理某个学生，而是利用"启发式问题"表达了对想要了解学生和事件发展过程的真诚愿望，让学生感受到被尊重、被关注，进一步真实地了解学生的感受和需求，然后从需求入手，引导学生自己想出解决问题的方案，并学会为自己的错误行为负责。在这个过程中，我运用了"启发式问题""反射式倾听"和"正面教育情感脸谱"三个工具，取得了良好的效果。

### 作 者 信 息

姓　　名：陈贤桦　　　　　　　　单　　位：广州市第一一三中学

# 学会控制你的情绪

**行为关键词**：讲脏话

**运用正面教育理念**：关注问题的解决，而非让孩子付出代价。

**运用正面教育工具：**

1. 认同感受。

2. 关注解决方案。

3. 解决问题。

4. 约定。

行为描述

　　初中生处于行为习惯养成的重要阶段，学生开始有自己的想法，但又没有形成自己的人生观、价值观，会通过模仿大人的一些行为来表达自己的想法、引起他人的关注。初中生正处于情绪波动大、容易激动的年纪，对不满意的事情或者人易怒、易冲动，讲脏话是常见的行为。部分学生甚至认为讲脏话是一种突出自己特别的方式。文明用语是一个人高素质的体现，让学生养成讲文明用语的习惯，并有控制情绪的能力，是老师应该尽力去做的。

情景案例

　　经过了一个月的读书节，迎来了周一早上的颁奖典礼，在一阵阵掌声中，大家都在注视着台上领奖的同学。突然，传来了一个熟悉的声音，在说着一些不堪入耳的话语。班上的同学纷纷转头看去，小明同学骂得更加大声了，甚至加上了手部动作。我以为是同学之间的冲突，快速走过去，走到他身边的时候，我发现他脸上全是汗，微微发红，背也湿了。

　　他停了下来，和我说："我没有骂人，我就是在骂天上的太阳，而且我不懂为什么要在升国旗的时候颁奖，不可以让我们回教室再颁奖吗？"小明虽然平静了一点，但是可以看出来由于他比其他同学要胖，他的耐热能力已经到了极限，而且他一向不喜欢站着，何况他并没有在这次活动中获奖。对他而言，这就如同罚站一般。他就接着又是一通乱骂，因为小明的声音很大，我还是有点生气的，毕竟这是个非常严肃的场合，而且他的坏情绪有可能会传染给其他同学。我知道如果现在和他讲道理，即便他知道自己犯错也听不进建议，甚至有可能变得更加激动。当务之急是让他先冷静下来，然后才有解决问题的可能。

　　于是，我从口袋里拿出了一张纸递给他，我和他说："今天确实挺热的，擦擦汗吧，马上就结束了。"自己的感受得到了理解，他平静了下来，有点不太好意思地接过了纸巾，脸更加红了。几分钟后，颁奖典礼结束。我让他从队伍的最后走到最前面，让他能成为班上第一个回到教室的人。虽然他犹豫了一下，但还是低着头走到了最前面。等他喝完水，平静了一下之后，我把他带到办公室，他就先开了口，说："老师，我错了，我不应该在操场上发脾气。"

　　正面教育告诉我们，"关注问题的解决，而非让孩子付出代价"。其实大多数时候孩子在犯错时，就已经认识到自己的错误，我们要做的是关注问题的解决方案，不要责备或者羞辱。我就顺着他的话，说道："其实我们在操场上也很热，站得也很累，但是老师和其他同学都没有大声说脏话，你知道刚刚同学们都怎么看你吗？"

小明把头低了下去，压低声音说："看到了，他们刚刚走回教室的时候，还在躲着讨论我。"我紧接着问道："那你听到这些，感觉怎么样？""我不想他们议论我。"他声音更加低了。"你听着难受？还是？"我问道。他说："我有点难受，而且我不想成为大家议论的人。"我和他说："没关系，你难受说明你意识到自己的错误了，我们待会儿回教室和其他同学说明情况，然后承认自己的错误，我相信同学们可以理解你的，也会不再讨论这件事情了。"小明点了点头，他转头看了一下左边的老师，语文老师就在他看的方向，感觉还有话想说，但是没有开口。

我想给他几分钟，看看他能不能主动说出来，但是他最后还是没有说出口。我在想他是不是觉得刚刚骂了组织活动的人，包括我们班的语文老师。他觉得不太好意思，毕竟平时他还是比较喜欢语文的，他可能想要得到语文老师的原谅。我就试探性地问："你刚刚是看了一下语文老师吗？"小明抬起头看了我一眼，眼神里满是惊讶，然后又低下了头，点了点头，我再问："想和语文老师聊一下？"他明显顿了一下，接着说："我不知道。""你怕语文老师生气，不原谅你？"我问道。他的眼睛就有点红了，我想这个时候他真的深刻地认识到了自己的错，而且想和相关人员道歉和解。

我赶紧说道："你需要我的帮助吗？"小明把头抬起来了一下，眼神闪烁不定，他在纠结，过了一会儿，他小声地说道："不用吧。"我希望给他多一点支持，就用手拉了一下他的手说："我相信你，去吧。"

小明走得有点慢，感觉过了两分钟才走到语文老师面前，然后看了我一眼，我就笑了笑。听到他和语文老师说："老师，我……刚刚在操场骂了你，但是我不是故意的。对不起，您可以原谅我吗？"语文老师说：

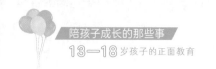

"没关系，老师原谅你，但是以后不可以再犯了喔。"看着他松了一口气，我也跟着松了一口气。

我用手示意他回到我身边，这一次他很快出现在了我的面前。我和他说："我们班的语文老师已经原谅你了，但是，不知道其他组织活动的老师原谅你了没？"他连忙说道："我待会儿去找其他老师道歉。"

我给他竖起了大拇指，他害羞地笑了一下，有点不好意思。

我紧接着说："我相信你已经意识到了自己的错误并且想好了怎么去道歉，得到同学们和老师们的原谅。我还想让你思考一下，以后再出现类似的情况，你又想骂脏话怎么办呢？"

小明坚定地说："我绝对不会了，如果我再讲脏话，我就一个人打扫教室一周，还帮班上同学打热水。"

我拍了拍他的肩膀说道："那我就相信你。我还有一个重要的任务交给你，可以吗？"

小明有点疑惑，但还是答应了。我就说："我希望你成为我们班的'文明用语小管家'，需要你和班上的同学们一起制定5条文明用语的规则，并监督大家，你可以做到吗？"

小明认真且坚定地回答："我可以。"我又给他竖起了大拇指，并说："我期待你的表现。"

下一堂课刚好是我的课，我就让小明同学当着全班同学的面说了他自己犯的错误，并且和同学们道歉。我也和其他同学说了，我们要学会控制自己的情绪，即便情绪不好也不能够通过讲脏话的方式来发泄，我们可以表达自己的想法，希望大家通过不影响别人的方式来发泄情绪。同时，我宣布了小明同学成为我们班的"文明用语小管家"，我们会在明天的课堂上让小明同学带着大家一起制定出班级文明用语规则。从同学们的掌声中可以感受到，大家已经原谅了小明同学，接受他成为"文明用语小管家"，也明白了要控制情绪，不讲脏话。

自我反思

　　在孩子情绪激动的时候，和孩子讲道理或者通过呵斥让孩子停止发泄情绪，可能会让孩子的情绪更加激动，如果是环境让孩子的情绪激动，我们应该第一时间让孩子转换环境，让孩子能够尽可能平复自己的情绪，而不是任由孩子发泄情绪影响其他同学。老师在这个时候最重要的是认同和感受孩子的情绪，不被孩子的情绪牵着走，然后让孩子意识到自己犯错了，引导孩子承认错误，与他人道歉和解，关注解决问题，同时让其他同学也明白犯错是学习和成长的过程，我们要学会控制好自己的情绪，互相监督，养成良好的习惯。

作者信息

姓　　名：陈依玲　　　　　单　　位：广州市天河区新昌学校

# 一双鞋子引发的纠纷

**行为关键词：**同伴冲突

**运用正面教育理念：**

1. 尊重与平等、和善与坚定并行，不骄纵不惩罚。

2. 关注问题的解决，而非让孩子付出代价。

**运用正面教育工具：**解决问题的四个步骤。

行为描述

　　青春期的学生自我意识突出，有较强的自尊心，情绪上容易两极化，情感浓烈。有些孩子犯错后碍于面子不愿意承认，这容易引起冲突。高中生的人生观和价值观趋于形成，教师和父母对其影响在逐渐减少，他们更加在乎同伴的评价。一旦发生同伴冲突并在班级形成不好的舆论，极易对其造成严重的心理干扰，从而影响其学业进步和身心健康。因此，及时解决同伴冲突对于高中生非常重要。

高三期末晚自习期间，小雯向我反映，一年多以前，小雯帮一名同学带鞋子回家，结果把鞋子弄丢了。这名同学说鞋子是名牌的，要小雯赔偿800元。小雯为了赔偿这800元，每周省吃俭用，经常吃泡面，最后得了胃病，终于还了钱。但过了阵子小雯的家长整理鞋柜，突然又发现了那双鞋子。小雯的家长说这双鞋子是假的，小雯不想跟家长说这件事，但心里想自己可能受到了欺骗。于是跟朋友们说了事情的原委并让他们到网上查找辨真伪，结果朋友也认为鞋子是假的。朋友们建议小雯跟那名同学交涉，要回被骗的钱，但那名同学一口咬定鞋子是真的，不同意退钱。

小雯很矛盾，不想将事情闹大，因此不肯告诉我那名同学的名字；但是她又觉得自己受到了欺骗，向我询问应该怎么办。我肯定了她顾及同学情谊又维护自己利益的行为，建议她设想几个方案，在尊重、合理、有帮助的原则指导下和那名同学交涉。如无法解决再来找我。

过了几天，小琳突然来找我，说自己在班级受到了同学的冷落，原来她就是那名丢了鞋子的同学。她描述了站在她的立场上的事件的经过，强调丢失的鞋子是真品。我建议她主动和小雯同学沟通，解决这个问题，或者由我来帮忙调解下。但是小琳情绪有些激动，坚持认为自己的做法没问题，她现在受到了同学的排挤，心情不好，严重影响了高三的复习备考。她觉得自己逃避一段时间，可能会有所好转。我安抚了她，并建议她周末和同学沟通，早日解决问题以便专心备战高考。如果有必要可以找我寻求帮助。

周日，小雯一方的部分同学截取了鞋子是假的证据，转发给我，希望我能介入解决。周一早上小琳在班级里情绪越发不好，我决定周一下午利

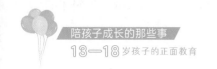

用自习课的时间解决这个问题。

周一中午，鉴于事件过去有一段时间了，我将解决问题的四个步骤稍作修改，改成三个步骤，并打印了两份，分别给了小雯和小琳。我先和两名同学谈心，向两名同学强调，解决问题的原则应是合理的、互相尊重的，双方要在这个基础上展开沟通。解决问题的方案取决于她们自己，我给她们充分的自主权。另外，高三学业繁重，希望她们能开诚布公，坦然面对问题并解决它，以轻松的心态迎接高考，解决问题离不开勇气。作为班主任，我无比希望她们和谐相处，将来回首高三生活，不会留下太多的遗憾。随后，两名同学为会谈分别进行了十分钟的准备。

我将双方安排到僻静的教室，让她们遵循正面教育中解决问题的三个步骤来解决问题。

小雯性格开朗，敢于表达自我，率先打破沉默，诚恳地告诉了小琳自己的感受："我感到很遗憾，也有点难过。把你的鞋子搞丢了，是我的责任，非常抱歉没有帮你保管好。我觉得我们可以讨论解决这个问题。"

在小雯的带动下，小琳也积极给予了回应，虽然声音有点小。她坦诚地对小雯说："我也很难受，这件事没能解决好。但是我的鞋子的确是真的。你觉得我们该怎么解决呢？"（以尊重的方式把问题谈开。）

小雯显然胸有成竹，主动拿出了自己思考后的方案，承担起自己的责任："我现在找到了那双鞋子，我能否把鞋子还给你？同时，把原来赔偿给你的800元拿出200元作为弄丢你鞋子的赔偿，你再还给我600元。可以吗？"

对于这个方案，小琳听后，没有太多的迟疑就表示赞成。小雯还非常贴心，主动提出还钱的方案："千万不要影响你的生活，钱你可以晚一点还我，过完寒假后再还也可以。"

小琳其实早就想解决这件事了，她拍了拍小雯的肩膀，生疏中带点歉意说："小琳，不会的，其实这周我带了钱过来。"（达成一个双方同意的解决方案。）

至此，双方和解，我非常欣慰不必进行到第三步，要我给出解决方案。随后，我请小琳转告她的朋友事件的解决过程及结果。我又留下小琳询问她的看法，小琳说面对面谈开了这件事，她心里轻松了很多。但是因为其他学生的指指点点，她仍然感到有很大心理压力。针对这种情况，我先叮嘱小雯在朋友面前多和她聊天，并在班级召开了短班会，采用鼓励棒的形式给小琳和小雯赋能。周五，终于又看到小琳和几名同学说说笑笑，在班级的处境有所改善，学习状态也稳定了很多。

在此期间，小琳的妈妈感觉小琳的情绪不太对劲，向我询问。我斟酌后如实告知，她强烈要求来学校解决这件事。小琳在知道妈妈要来后，一度情绪激动，但经过和家长直接沟通，还是同意了。因此，周四小琳的妈妈主动向小雯道歉，表扬她是乐于助人的孩子，并将600元还给了小雯。事情至此基本解决。

这次同伴冲突的解决，我认为事前让两个同学熟悉解决问题的步骤起了很大的作用。在处理问题的过程中，我始终秉承"尊重与平等、和善与坚定并行，不骄纵不惩罚""关注问题的解决，而非让孩子付出代价""确保把爱的讯息传递给孩子"等正面教育理念，通过引导学生用尊重的方式谈自己的感受，关注事件本身而不对她们做定性评价，从而避免矛盾激化。这让她们感受到老师对她们一视同仁，而且非常关心她们的身心健康和学业进步。另外，这也给了两名同学选择的权利，让她们自行决定解决方案，从而让她们感受到自己得到了尊重，能为自己做主。

在这个案例中，小雯比较豁达，能比较坦诚地表达自己的看法，也勇于承担责任。而小琳也认识到了自己的错误并寻求解决，但是态度上还不够积极。她和小雯的矛盾解决了，但是要重新赢得班级同学的高度接纳还要付出更多努力。

作 者 信 息

姓　　名：李改霞　　　　　　　　单　　位：广州奥林匹克中学

# "尊重"消融冲突，"错误"赋能成长

**行为关键词：**同伴冲突

**运用正面教育理念：**

1. 平等与尊重。

2. 接受不完美，犯错误是学习的好时机。

**运用正面教育工具：**

1. 关注解决方案。

2. 解决问题。

行为描述

　　初中生自我意识发展迅速，自尊心不断增强，处于心理从幼稚向成熟发展的过渡时期。一方面，他们认为自己已经长大，希望能够得到所有人的承认、尊重和平等对待。另一方面，他们的交往能力和思考问题、解决问题的能力等仍然停留在相对低的水平。与同伴相处时，常会以自我为中心，缺乏边界感且易冲动，难免会有伤害他人自尊的行为，从而激发矛盾，产生冲突。这个阶段又是他们品行修养发展的重要阶段，需要有正面的引导让他们发现错误，并在错误中学会解决问题，得到成长。

　　测试后，我让课代表把改好的卷子发回给同学，她则随手把卷子放在了桌上。

　　这时，调皮又喜欢博取关注的小飞拿着一份卷子大声喊："哗，小浩考得比我差多了，只有十几分啊！"小飞的成绩一向是班里倒数的，比他还差，那就是最差的了。

　　小浩一听，脸变得通红，立马要抢回卷子，小飞还觉得好玩，和同伴边笑边传卷子。班里顿时响起了阵阵笑声。嘲笑中，小浩终于忍不住扯住小飞并打了他一拳。小飞立马还击，两个人开始扭打起来，围观的同学赶紧拉开。这场闹剧虽因上课铃响而结束，但整节课，小浩再也没有抬起头来。

　　课后，班干部向我反映了情况。我一听很生气：这太不尊重人了，还打架，一定严肃处理，让小飞当着全班同学的面检讨和道歉！

　　冷静后，我认真思考起来，这样处理真的能让小飞认识到自己的错误吗？小飞平时就喜欢恶作剧，为此没少和同伴起冲突，检讨书都写出了范文的水平，可行动上一直没改变。如果还只是简单批评、写检讨，是触动不了他心灵的，不能让他真正意识到如何去尊重别人和获得尊重，也很难养成好的内在品行修养。（关注问题的解决，而非让孩子付出代价。）

　　我把小飞请到办公室："你美术好，平时又喜欢帮助别人。可以帮老师画一下班会要使用的教具吗？"

　　一听到表扬他就来劲了，马上在大白纸上画好了"查理"。

　　接下来，我请他一起排练班级活动，要求他按照情境给出最真实的反应。

我拿起画纸，向他介绍"查理"："这是班里最普通的学生查理，因为成绩不好，经常被同学取笑。"

我问小飞："如果同学们知道了他期中考考得很差，你猜他们会有什么反应？请你在给出每个反应后把画纸团一下。"

"有人可能会大声读出他的分数。"小飞一边说一边团了一下画纸。

"还有人可能会扔掉他的卷子或者张贴出来，会说他拖班级平均分，智商低，不愿意和他做朋友……"每说一个反应，小飞就把纸团起来一次。慢慢，就成了一个小纸团了。

我接过纸团，真诚地问："小飞，如果你是查理，心里会有什么感受呢？"

"我肯定会很难过，没有人愿意被这样对待。我成绩也不好，但我还是希望同伴们能看到我的优点，和我做朋友。"

我肯定道："换了我也会这样。我曾因为内向被同学排挤，没交到朋友，心里可难受了。即使现在有了要好的朋友，想起来还是会伤心。那我们能说什么或做什么帮助查理感受到同伴的善意呢？当我们每找到一个办法，就可以把纸抚平一些。"

"邀请他参加班级活动，肯定他为班级做的事，表扬他学习上的努力……"

我把揉成一团的纸一点一点抚平后，递给他："你看看它和原来有什么区别？"

"还是皱巴巴的。"

"是的，纸虽然被抚平了，但是还会有褶皱，就像人的心灵被伤害后还是会有伤痕。"

我看时机到了，就转入正题："我听说你和小浩发生了冲突，你能和我说说是怎么回事吗？"

小飞把事情简述了一遍。

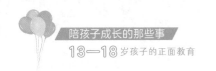
我把纸递给他，语重心长地说："你觉得小浩和查理像吗？"

他认真地思考起来："我那样做是不是也把他的心揉成了一团，让他很难过了？"

我接着引导他："你的言行为什么会让他感觉不好呢？"

他若有所思地说："因为我嘲笑他了，很不尊重他。"

我赶紧肯定他的想法："怎么做会让他感到舒服些？"

他真诚地说："向小浩道歉。"

我看着他的眼睛，温柔地说："你能认识并承认错误，老师真的很欣赏你。犯了错不怕，如何对待错误比犯错误本身更重要。我们得到了学习和成长的机会，明白尊重的重要性。你有很多优点，小浩也有很多闪光点。那我们以后应该做什么避免这种情况再发生呢？"（错误是学习的机会。）

小飞爽快地说："是我不对，一会儿就找小浩道歉。以后也不做伤害别人自尊的事，不跟同伴起冲突。我还要多发现他们的优点，和他们做好朋友。"（交流过程中，使用启发性问题，提问而不是命令，培养孩子独立思考的能力，帮助孩子"探索"犯错的后果，寻求解决办法。）

为了实现这个目标，我们一起学习了正面教育中"相互尊重"的沟通技巧，模拟如何给小浩道歉，头脑风暴后列出避免和解决类似问题的有效方法。

当天，小飞在班里做了反思，真诚地向小浩道了歉。全班以"如何做到互相尊重，减少冲突"为主题进行了头脑风暴，制定班级公约。后期跟进中，我在班里多次表扬小浩，帮助他找回自信，赢得同伴们的尊重；及时肯定小飞的进步，强化效果。通过此事，同学们也知道了该如何尊重同伴和获得尊重，很好地遵守了公约，同伴间的矛盾和摩擦少了，冲突事件也没再发生。

自我反思

　　案例中，我抓住两人起冲突的核心——尊重，关注解决方案，而不是责备。接着，运用正面教育的教具——虚构角色"查理"，创设情境，成功地为孩子提供机会，让他通过感受、共情、交流等方式发现错误。继而，利用启发性提问让他明白错误是学习的机会。最后，在取得孩子的信任后，采用师生头脑风暴、协商、合作等方式，让孩子获得改正错误的技能，让他在改正错误中得到成长。

　　在整个交流过程中，我注重解决问题，着重使用启发性提问，帮助孩子"探索"犯错的后果和解决方案，理解尊重的重要性，从而实现减少与同伴冲突的目标。通过这样的处理，我顺利解决了冲突，也利用改正错误赋能了孩子的成长。

作者信息

姓　　名：向沛仪　　　　　　　　单　　位：广州市华颖外国语学校

# 善用错误目的表，巧化师生冲突

**行为关键词：**师生冲突

**运用正面教育理念：**关注问题的解决，而非让孩子付出代价。

**运用正面教育工具：**善用错误目的表。

行为描述

中学阶段，学生在青春期中自我意识发展，他们对规则与权威自带"敌意"，加上情绪调控能力较弱，师生相处的过程中容易发生矛盾冲突。这是班级管理中一个常见的挑战，如果处理不好，往往会影响班风班貌。老师运用惩罚或者说教的方式也许短期内会有效果，但往往治标不治本，甚至有可能使学生的不良行为变本加厉，这也是导致师生关系日益紧张的根本原因。正面教育中有一个工具"错误目的表"，可以很好地帮助我们解决这个难题。

　　小李同学在班上成绩不错，特别是理科，但在课堂上有时会表现懒散。在某次物理课上，由于老师怀疑他没有完成课堂测试，他竟然指着老师说："你以为自己很了不起吗？你的课我还不上了！"说完夺门而出，科任老师非常受伤，第一时间打电话给家长要求学生必须当着全班同学的面道歉，否则以后的物理课都不用上了，家长听完后说："我家这孩子脾气很大，在家也经常这样冲我们发火的，要他道歉我们实在无能为力。"这让科任老师难以置信，之前有多喜欢这个学生，现在就有多失望。

　　这给我这个班主任带来了不小的压力，我需要尽快给科任老师一个交代，需要让小李同学知错认错并且道歉，需要让全班同学引以为戒。如何才能有效解决这个难题呢？如果直截了当批评他，指出他的错误，再强硬地要求他认错并且道歉，结果肯定会适得其反。根据他在家里的表现，他已经不止一次顶撞长辈了，显然这样并不是解决问题的根本办法，我需要知道这个孩子的真实想法。

　　对照错误目的表上"教师的感受"一栏，我可以明确这个孩子的目的是"报复"，通过不上物理课来反击老师，这种行为背后的信念就是"既然你让我受伤，我也要让你感到难受，反正也没有人真正地在意我"。根据错误目的表上的建议，我制订了解决方案。

　　当天下午，我把小李同学叫到办公室来，他耷拉着脑袋，不肯正眼看我，我问他："你有没有什么事情要跟我说说？"

　　他摇头："你不是已经知道了吗？还要我说什么？"

　　我说："我本来有点担心你下午会迟到或者干脆不来上学了，结果你准时来了，这让我意外，也让我欣慰。"

他抬头看了我一眼，我继续说："上午的事情我从老师和同学那里已经知道了经过，但是那是从别人口中得到的信息，我更想你自己还原当时的情况，按照我对你的了解，当时的你是觉得自己受到了伤害才会对老师说出那些话的，对吗？"

他的眼泪开始啪啪地掉，态度软了下来。我让他冷静了5分钟，然后讲讲事情的经过。原来是老师问他话，他因为心虚就故作不耐烦地回答。老师说："你这么没有礼貌，平常父母没有教你要如何跟长辈说话吗？"这句话刺痛他了，他常年跟外婆住，与父母关系很僵，所以这句话对别人来说只是一句平常的责备，但却深深伤害了他。

我拍拍他的肩膀，说："我是知道你家里的情况，所以能够很好地理解你的感受，但是你有没有想过，物理老师并不知道这些啊！你现在还觉得物理老师的目的是羞辱你吗？"

他静默了一会儿，说："我知道自己错了，我应该去道歉。"

我松了口气，微笑着对他说："老师真的为你骄傲，在这么短的时间内你就能主动承认错误，这需要很大的勇气。同时我建议你能够把这次错误当成学习的机会，每个人都有情绪失控的时候，冲动行事不仅会伤害自己，也会伤害关心你的人，显然这种方式是不可取的。我们可以一起来想想办法，学会如何正确处理这类事情，所以我想召开一个临时班会，让大家一起来出出主意，你觉得如何？"小李点点头。

班会上，小李向物理老师和全班同学致歉，然后把自己的想法和困惑都说了出来，大家通过头脑风暴，总结出一些合理的处理方法，通过这次事件，班级的凝聚力更胜从前。物理老师因为参与了本次班会，与我们班级也有了更深层次的连接，她私下跟我开玩笑说，感觉跟我们班的孩子最亲近。在了解了小李的家庭情况后，她主动找小李谈话，设身处地给小李提供一些指导和建议，师生关系更加融洽了。同时，小李对待物理学科的学习也更加认真投入，物理成绩一直名列前茅。

　　青春期学生所表现出来的一些叛逆行为，我们看到的往往只是冰山一角，只有去了解这个行为背后的目的，找到症结所在才能"对症下药"。在处理这些行为时，根本出发点并不是要赢了孩子，而是要赢得孩子，与学生做好情感连接，当孩子感觉好，才能做得好。在此基础上，把目标放在解决问题上，而不是纠结于要学生为他的行为付出代价，因为每一次错误都是"问题学生"成长的好机会。教师如果能够牢牢把握教育契机，与学生一起聚焦问题本身，培养学生从错误中学习的勇气，让他们能够专注于解决问题，相信这样的师生关系会更加融洽和谐，而"问题学生"的不良行为也会有所改善。

　　附：错误目的表的使用方法

　　德雷克斯说："一个行为不良的孩子，是一个丧失信心的孩子。"当孩子们丧失信心时，他们会为自己选择以下四种错误目的行为中的一种：寻求过度关注；寻求权力；报复；自暴自弃。"错误目的表"的第二列和第三列，分别为大人的感受和反应，是关键线索。我们只需在第二列中选择和自己感受最接近的那一组词，再通过第三列核实自己的行为，就能确定孩子的目的（即第一列）是属于哪一种，然后按图索骥，根据第四列、第六列——孩子的回应和孩子行为背后的信念，进行确认；第七列——孩子的心声，是解决问题的方向；第八列——大人可以怎样做，是可行的建议，帮助我们找到合适的解决方法并采取具体行动解决问题。

## 儿童行为背后的错误目的表

| 孩子的目的 | 家长/教师的感受 | 家长/教师的反应 | 孩子的回应 | 成人如何导致问题发生 | 孩子行为背后的信念 | 内心信息 | 家长/教师可以怎样做 |
|---|---|---|---|---|---|---|---|
| 寻求过度关注（操纵别人为自己忙，或得到特别服务） | 心烦，恼怒，担心，内疚 | 提醒，哄骗，替孩子做力所能及的事 | 暂停片刻，但很快又回到老样子，或换成另一种滋扰行为 | 我不相信你能面对失望。如果你不快乐，我会内疚 | 唯有得到特别关注或特别服务时，我才有归属感。唯有让你们为我忙得团团转时，我才能感觉自己是重要的 | 注意我，让我参与并提供帮助 | 通过让孩子参与一个有用的任务，转移孩子的行为避免特别服务；计划特别时刻："我现在很忙，期待我们稍后的特别时刻。"建立日常惯例表；花时间训练孩子；耐心（教孩子但不期望孩子立即学会）；设定无言的信号，默默地爱抚孩子，召开家庭会议或班会 |
| 寻求权力（我说了算） | 愤怒，被挑战，受到威胁，被打败 | 应战，投降，"你休想逃脱""瞧我怎么收拾你" | 变本加厉，屈从但内心不服；看家长或老师生气而觉得自己赢了；消极对抗 | 我说了算，必须照我说的去做。告诉你该怎么做，并在你不听话的时候说教或惩罚你，我相信这是使你做得更好的最佳途径 | 唯有当我主导、控制，或证明没人能管我时，我才有归属感，"你制服不了我" | 让我帮忙，给我选择 | 承认你不能强迫孩子，让孩子来帮忙从而给予正面的权力提供有限的选择（"你来决定"）；既不开战也不投降，从冲突中撤离，平静下来；和善而坚定；决定你该做什么（你穿好睡衣我就讲故事）；不说，只做（例如拉着孩子的手，把他带到要做的事情前）；按日常惯例表行事（你的日常惯例表上的下一项什么？）；做互相尊重的楷模；实践有效地执行（言出必行）；允许孩子做决定并从错误中学习；坚持到底；鼓励；召开家庭会议或班会 |

续表

| 孩子的目的 | 家长/教师的感受 | 家长/教师的反应 | 孩子的回应 | 成人如何导致问题发生 | 孩子行为背后的信念 | 内心信息 | 家长/教师可以怎样做 |
|---|---|---|---|---|---|---|---|
| 报复（以牙还牙） | 受伤，失望，难以置信，憎恶 | 惩罚，心想"你怎么能这样对我" | 反击，伤害他人，毁坏物件，以牙还牙，行为升级或换另一种方式 | 我提供忠告（所以不听你说），因为我认为我是在帮你；我担忧邻居们的想法，多过你 | 我不明白你怎么能在意那件事比爱我多；我没有归属感，所以当我受伤害时，我也要伤害别人；我反正没人疼、没人爱 | 我很受伤，请认同我的感受 | 认同孩子受伤的感受："你的行为告诉我，你一定觉得受到了伤害。能和我谈谈吗？"；避免惩罚与还击；反射式倾听；如果你伤害了孩子，主动道歉；改正（榜样的力量）；召开家庭会议或班会 |
| 自暴自弃（放弃，且不愿别人介入） | 绝望，无望，无助，无能为力 | 放弃，过度帮助孩子 | 进一步退缩、消极，毫无改进，毫无响应，逃避尝试 | 我期待你能达到我的高目标；我认为帮你做事是我的分内之举 | 我不相信我能有所归属，我要说服大家不要对我寄予任何希望；我无助又无能；试也没用，因为我做不好 | 不要放弃我，带我前进一小步 | 表达对孩子能力的信任；关注孩子的优点；停止所有批评；鼓励任何一点点的积极努力；教给孩子技能，示范怎么做，但不替孩子做；将任务分成细小步骤；简化任务，直到孩子能完成；花时间训练；以孩子的兴趣为基础；不要怜悯，不要放弃；享受和孩子在一起的时光；真心喜欢这孩子；召开家庭会议或班会 |

作 者 信 息

姓　　名：王枫晓　　　　　　单　　位：广州市第一一三中学

第三章

青春飞扬

# 找到与孩子共处的"特别时光"

**行为关键词：**不合群

**运用正面教育理念：**

1. 孩子的首要目的是追求价值感和归属感。

2. 纠正行为之前先建立连接。

3. 孩子感觉好的时候，表现才会好。

**运用正面教育工具：**

1. 纠正之前先连接。

2. 特别时光。

3. 信任。

行为描述

　　学生刚从小学升上初中，学习任务一下子加重了许多，老师与家长的期望值也在不断地变大。这个时候，一些学生如果没有从中获得价值感与归属感，往往就会变得不合群，具有孤僻、害怕尝试、情绪低落等特征。关注行为背后的信念，我们发现，他们认为自己不够完美，也感到很无助、很无奈；因为害怕失败，所以不愿意去尝试。面对这一类学生，老师们需要给予更多的关注，帮助他们获得价值感与归属感，重新树立自信心。

晓雨是一个七年级的女生，从我担任这个班的语文老师起，她几乎没有正面注视过我。长长的刘海总是遮着半张脸，让人看不清她的表情；她从不举手回答问题，就算随机抽到她来回答，她也只是低着头不作声；课间经常一个人呆坐在座位上，放学时也总是一个人回家。我尝试过与她交流，但得到的回应往往只有沉默。当我判断其属于自暴自弃的学生时，便开始思考如何帮助她。

正面教育的基本理念告诉我：纠正行为之前先建立连接。研究表明，在学校里的情感连接是影响学业成绩的首要因素，而当面问候每个学生，会与学生建立直接的情感连接。我决定从主动打招呼开始。

一天早上，当我看到正低着头走进校门的晓雨时，我走上前去微笑着向她打招呼："嗨，晓雨，早上好呀！"晓雨没有想到我会主动向她打招呼，抬起头茫然地看了我一眼，马上又低下了头，很小声地回应了我："老师早上好！"然后加快了脚步离去，这让我感觉到了她的不知所措，也更加坚定要与她建立好连接。

于是，只要在校园里看到她，我都会主动跟她打招呼，课堂上也常常请她帮忙。例如："晓雨，可以到讲台上帮老师点击一下这个文档吗？你的个子比较高。"

上课时，当我请求晓雨帮助时，同学们不约而同地看向了她。这个平时沉默寡言的同学，在大家的注视下慢慢起身，慢慢走到电子屏幕前帮助我。又在我的致谢声中，低着头红着脸回到座位。

"晓雨，我注意到你每一次都能按时提交打卡作业，我为你有这样的好习惯而感到高兴。"在课堂上，被我鼓励的晓雨，原本在座位上弓着

腰，很快挺直了腰坐端正。

我尽可能地让晓雨感受到我对她的关注。大约两周的时间，晓雨从一开始的行动慢吞吞、沉默、害羞，到低着头回应，甚至习惯了我向她寻求帮助，看向我的眼神也不再茫然或闪躲。她的这些反应告诉我，我们之间已经初步建立起了情感连接。那么，怎么增强情感连接呢？我从正面教育工具中继续寻找方法，我找到了"特别时光"。安排特别时光是与学生增强情感连接的一种方式，和学生共度这种特别时光，可能要花几天或者几个星期。于是，课余时我常常请晓雨帮我一起整理正面教育工作室。

"晓雨，谢谢你帮助我整理工作室，这让我能有更多的时间为下节课做准备。"

"不用谢！"从晓雨微笑的脸上，我感觉到她面对我时越来越放松了。

"班上有几名同学经常不能按时交作业，你有什么好的建议或方法能帮助他们养成按时交作业的习惯吗？"晓雨向我分享她的好习惯时，眼神里有了光彩，声音也变得响亮了。

通过多次这样的交流，晓雨回应我时，眼神里的光彩越来越亮，甚至让我感觉到她还有了一些期待，期待我能认真地倾听她的想法和心声。持续的关注，让我赢得了晓雨的信任。

孩子的首要目的是追求价值感与归属感。为了进一步帮助晓雨，在距离学校举办语文节开幕式还有一个月的时候，我请晓雨担任我们班朗诵节目的领诵员。

"老师，我不想做领诵员。"放学后，晓雨来到了办公室，有点紧张地扣着手指，低着头小声地对我说。

"为什么呢？"我问她。

"我读不好的，你选别人吧。"

"还有很多时间练习，你可以的。"我鼓励她。

"我不行，我肯定做不好的。"晓雨一再强调自己不行。

觉察到晓雨抗拒的情绪，我决定尊重她，便不再坚持劝说。课余时，我找来了晓雨的组员，希望他们能和我一起帮助晓雨。学生们在办公室开起了小组会议，经过头脑风暴，他们交给了我一份帮助计划，这让我很惊喜。对学生们表达信任，放手让他们自己去想解决方案，就像德雷克斯所说："如果我们替孩子们做所有事情，并让他们坐享其成，孩子们就永远学不会自己思考。"

在"如何表演好朗诵节目"的主题班会中，小组会议在选举领诵员的时候起了作用，大部分的同学把票投给了晓雨。不知谁喊了一句"晓雨加油！"，全班同学纷纷响应，在同学们的鼓励声中，晓雨涨红了脸，眼睛里泛着泪光。这一次，她没有退缩，放学后主动留下来练习。我鼓励她站到舞台上去练习，晓雨所在小组的组员也陪伴她一起练习，这让她有了更多的动力。

想到学生的行为往往与家庭教育的影响分不开，我决定和晓雨的家长进行一次电访。结束电访后，我感受到了家长对孩子的要求过高以及父母不统一的教育观念给晓雨带来了许多的负面影响。电访的最后，我向晓雨妈妈推荐了正面教育智慧家长学堂中"如何培养孩子的自信心""慎给孩子'贴标签'""信任，让孩子更有责任感""家庭会议"等微课，引导她去理解孩子的行为，也期待会有所改变。

电访后的第二周周末，晓雨妈妈给我打来了电话，她说："老师，以前我总认为晓雨性格内向，不爱表达，是天性如此。当我尝试着用正面教育智慧家长学堂教的方法与晓雨交流时，晓雨不再像以前那样默不作声。当我向她表示歉意时，晓雨哭了。"晓雨妈妈说得有些哽咽，我静静地听着。心想，当老师、家长、学生都开始改变时，这是一个极好的开始。

通过对晓雨半个多学期的持续关注，我发现晓雨有了明显的变化，她从一个沉默寡言的孩子，慢慢变得开朗了起来，还交到了非常要好的朋友。

自我反思

在帮助晓雨树立自信的过程中，不仅晓雨得到了成长，也让我从正面教育中获得了许多的感想：像晓雨这样刻意把自己"隐藏"起来的孩子，恰恰是在向老师、同学释放"不要放弃我，请关注我"的信号。要想帮助这样的孩子重新树立自信，获得价值感和归属感，必须先了解他们行为背后的信念，才能确保把爱的信息传递给他们。在了解了晓雨行为背后的原因后，首先我通过问候和反向寻求帮助与她建立连接，让她感受到来自老师的关注与友好；其次我时刻觉察孩子的情绪，尊重她，给予她足够的安全感；再次，通过班级活动，引导班上的同学关注晓雨，一起来帮助她，让她感受到集体的关爱；最后通过家校合作，积极、正面地引导家长，让晓雨感受到了来自家长的理解。孩子的内心有了积极的能量，从而主动地去改变自己，这就是自驱成长，也正是正面教育基本理论中"孩子感觉好的时候，表现才会好"的体现。作为教师，只有用尊重与平等的态度，和善而坚定地去实施正面教育，才能更好地帮助学生健康成长。

作 者 信 息

姓　　名：范卉　　　　　　　单　　位：广州市天河区新昌学校

# 他终于笑了

**行为关键词：**不合群

**运用正面教育理念：**

1. 纠正行为之前先建立连接。

2. 孩子的首要目的是追求价值感与归属感。

3. 孩子感觉好的时候，表现才会好。

**运用正面教育工具：**

1. 使用错误目的表，破解密码。

2. 及时鼓励。

行为描述

　　青春期，是少年向成年过渡的阶段，主要在小学高年级和整个中学阶段。这个时期的学生的自主意识逐渐强烈，喜欢用批判的眼光看待事物，有时还对师长的正当干涉进行反抗和抵制。记忆力增强，注意力容易集中，敏锐，自我意识增强，评价和教育的能力也得到了提高，初步形成了个人的性格和人生观。但情绪不稳定，意志力仍不够坚定，分析问题的能力也还在提升中，所以遇到困难和挫折容易灰心。让一个灰心、意志力不够坚定、封闭自己的孩子振作起来，作为班主任责无旁贷。

　　我还记得那时，刚放暑假就开始组织初一的新生军训，班级40个学生一起在一个军事训练基地军训。在一群活泼好动的初一新生当中，我发现了他——小铭，不爱说话，经常低着头，发现老师注视他时，便像只小乌龟，恨不得缩进龟壳。军训日记收上来时，我发现他的书写明显跟班级其他同学不一样，表达不是很清晰，更别提逻辑性了。后来就干脆不再写军训日记，询问他原因，他低着头，一声不吭。军训结束，小铭妈妈是最后一个来接他的，我陪着他足足等了两个小时，他妈妈见到我，非常激动，很想拉着他跟我说点什么，但小铭情绪激动，也很抗拒，甚至哭了起来。我让妈妈先带孩子回家，安抚好孩子的情绪。

　　当天晚上，我跟小铭妈妈电话聊了很久，得知了小铭的一些情况：小铭的父母年纪比较大时才有了他，妈妈是典型的慈母，爸爸是典型的虎爸。小时候爸爸工作比较忙，基本是妈妈带，小学低年级没多大问题，小学高年级开始，因为太过调皮，行为习惯差，经常不能按时完成作业，被老师尤其是班主任兼语文老师严格地管教过，之后他学会了在学校把自己包裹起来，还开始抵触所有班主任和语文老师。

　　听完妈妈的情况介绍，我心里浮现出这句话——"纠正行为之前先建立连接"。于是，我开始留心观察小铭，静待一个合适的机会，和他建立连接。在接下来的初一生活，为了让学生更快地融入班集体，我开展了许多集体活动和团队游戏，班级的同学很快融入了这个班集体。唯有小铭，整天挂着个"苦瓜脸"，既不跟同学交流，也不跟人眼光对视，基本不参加班级活动，哪怕其他同学玩团队游戏玩得热火朝天，他只是静静地在一旁看着。学习上，他很难按时、按要求完成作业，考试成绩总在班级、年级的后列。找他谈话也不怎么回应，甚至还表现出对班主任的抗拒和抵触。我又从各方面了解情况：原来那时小铭的父母已经分开了，他跟妈妈在一起，而妈妈对他的管教已经没有任何作用了。虽然在学校不出声，把自己包裹起来，但在家他却是"小霸王"一个，说一不二，妈妈对他毫无办法。

于是，我启用第二个工具——破解孩子行为背后的信念。践行正面教育理念的我，深知孩子的每个问题行为背后一定有其根源与内心需求。根据我自己对小铭感受到的"无能为力"，我清楚地知道他的行为密码是"让我看到如何迈出一小步"，我决定采取的方式是"设置成功的机会，教给孩子技能"。根据他的这种情况，我决定"双管齐下"，先跟父母沟通，经过协商，让小铭初中阶段先跟爸爸住，学习由爸爸全面负责；妈妈这边则告诉孩子她要外出学习一年，让孩子跟爸爸住，我定期跟妈妈汇报孩子相关情况。

在学校，数学老师反映小铭的数学有一定基础，数学思维也不错，我决定先用数学做突破口，来提升他的自信心。我和数学老师沟通了孩子的情况及帮教策略，数学老师非常爽快地接下了帮教任务，定期给孩子"开小灶"，进行课后辅导，半个学期后，他的数学成绩有了明显提升，拿到了第一个及格分数。这让他对自己的学习信心大增。

开展班级活动时，我知道小铭喜欢摄影，而且他爸爸也擅长摄影，就让他在每次集体活动为大家拍照，又让爸爸教他选图、修图，他发出的每张照片都很惊艳，他成了班级的"特聘摄影师"，同学们也会特地请他为自己拍照，让他在集体中找到自己的价值感和归属感。

同时，我根据初中生的年龄特点，充分运用同伴的影响力。我们班一直是小组合作，我特地找小铭所在小组的同学开了一个会议，告诉他们小铭和老师都很需要大家的帮助，尤其需要小组的力量，请他们帮忙随时发现小铭的进步和闪光点，也需要好点子来帮他；我还私下找他愿意聊天的

同学，让他们尽可能带着他一起运动、吃饭等。

慢慢地，小铭脸上的笑容越来越多，眼睛开始发光，腰杆也直起来了。数学成绩从及格变成优秀，历史成绩也开始在攀升，于是又有了历史老师对他的"另眼相待"，他也开始对老师们放下抵触，能主动找班主任及语文老师问问题、面批及讲题……每当他取得点滴成长和进步，我都及时跟他父母沟通与分享，让妈妈知道自己的割爱是对孩子的成全，让爸爸知道老师一直都看见他背后的努力，孩子一直在成长。初三毕业，这孩子成了我们班优秀代表之一，中考全科合格，顺利考上了高中。毕业前夕，我特意邀请他拍了一张合影，看到他脸上发自内心的笑容，我的心也变得暖暖的，特别有成就感。

**自我反思**

　　作为班主任，要想教育有效，除了真爱，还要会爱，这样班主任才能激扬起更多的生命。我们要想真正帮到一个学生，一定要正确解读他行为背后的信念和内心需求，找准切入口，激发他的优势，从而让他找到自己的价值感和归属感，进而慢慢打开自己，和周围的同伴、老师主动建立连接；同时，老师一定要做好跟进工作，及时的肯定和鼓励对孩子和家长都很重要。在这个案例中，我深刻体会到，家长也非常需要鼓励和赋能。

**作 者 信 息**

姓　　名：隆峰　　　　　单　　位：广州市天河区汇景实验学校

# 再见吧，孤立君

**行为关键词：** 被孤立

**运用正面教育理念：** 关注问题的解决，而非让孩子付出代价。

**运用正面教育工具：**

1. 从错误中恢复关系的"四R"。

2. 教给孩子技能。

3. "我"句式。

行为描述

　　青春期是生长发育的关键期，每个学生的心理发展、性格特点、学习和生活习惯各不相同，带来了个别同学间的人际困扰。有的同学甚至被排挤、被孤立，在班级中显得格格不入、特立独行、形单影只。这部分同学往往不被其他同学接受、喜欢，也不知道怎么和同学更好地交往，明明很想融入集体却无能为力……没人愿意和自己组队，明明很快乐的活动却成了自己的噩梦——每一次都会被抛弃。

情景案例

班会结束，我让同学们换好位置再走，突然，小锐站了起来，面带微笑、很大声地在全班同学面前说："老师，我们组想将小宇和另一组的小钊换一下，这是我们全组同学的申请签名。"一张纸5个签名不知何时沉甸甸地到了我的手里。

我的心一下子快速地跳动起来，感到那么无力。一直以来，我特别注重同学关系、师生关系建设，现在却出现这个状况。

我下意识看了一下小宇，他还是像平时一样淡定、置之事外，感觉事情与自己无关。我焦灼地想他的内心真的也是如此吗？我多想给他一些支持和力量，但我深知，这件事一旦处理不好，可能对他甚至整个班级带来伤害。

而在同学们准备放学、急切回家的时候，留下来处理这件事，显然不太明智。我还没了解，也没想好怎么处理这件事。

于是我深吸一口气，努力调整了一下自己的情绪与声音，平静地说："这件事明天再说，今天先放学。"

我单独留下组长小军了解情况。

小军："崔老师，对不起，我们组其他同学都没有换座位的想法，是被小锐威胁写的，她就是不喜欢小宇。"

我："他们之间发生了什么矛盾或冲突吗？"

小军："小宇每天中午会一个人拿着餐具到植物园吃饭，会经常在上课的时候向每科老师问一些奇奇怪怪的问题，不和任何同学深入交往，自习课哼着歌写作业，每天沉浸在自己的世界里，这让小锐很反感，尤其是自习课唱歌。"

当天晚上我给小宇打了电话，问了一下他的情况，请他放心我一定处理好这件事。

第二天小宇生病请假了，我更加意识到处理好这件事情的重要性和紧迫性。

首先，关注问题的解决，而非让孩子付出代价。利用自习课开简短班会，我郑重地说："同学们，小宇今天生病没来，正好给我们机会讨论一下昨天针对小宇的事件，请你们谈谈第一次听到这件事的感受，如果这件事在我们班形成风气会带来什么，关于这件事，我们有没有更好的解决办法。"同学们不仅分享了自己的感受，还分享了自己曾经被孤立的经历，也表达了对未来可能被孤立的担心，全班一致赞同班级要杜绝孤立同学的任何言行。

其次，在问题解决过程中运用从错误中恢复关系的"四R"：承认错误——重新建立感情连接——道歉、和解——专注于解决问题。在解决问题中小锐说："老师，我没考虑那么多，只是不喜欢小宇，现在我知道这样做带来的影响，我应该帮助小宇更好地融入我们组，而不是不喜欢就要把他踢出去，小宇回来，我一定和他道歉。"

小军说："老师，这件事情我做得不够成熟，首先我是这个组的组长，我有责任保护好每位组员，同时也有责任团结组员，让我们成为一个真正意义的小组。小宇的情况我早就了解，我应该及早去做一下工作或者在事情发生前告知您，事情就不会发展成这样，我也应该向小宇道歉。"

其他组员也纷纷表示："老师，我们不应该签字，也要为自己不成熟的行为向小宇道歉，以后有什么事情多和小宇沟通交流，小宇成绩好，我们也多向他请教问题，让小宇成为我们组真正的成员。"

有同学表示："老师，我平时也对一些同学有偏见，我愿意多去看到他的优点，友好对待班级每位同学。"

最后，教给孩子技能。针对小宇人际交往技能欠缺，尤其是沟通能

力不足，我鼓励小宇多和同学交流，帮助小宇建立受欢迎的形象，同时引导小宇尝试运用"我"句式进行沟通表达。周三中午，我找到小宇："小宇，你的学习成绩在我们班一直名列前茅，你也一直很努力，未来想做什么？"

小宇："这个我还没想过，好像离我很远。但我一直很敬佩毛主席、周总理，以后也想干一番成绩。"

我："不知道你有没有发现，毛主席、周总理，包括很多的做大事者，学习成绩好是一方面，学习和别人如何相处也是他们的一项重要技能。"

小宇的表情不再平静，他激动地说："老师，我本来很担心今天怎么办，你让我的担心一下子消失了，谢谢你。通过这件事，我也意识到自己人际交往的能力真的需要加强，其实我以前也努力过，但效果都不好，慢慢地也就放弃了，我看上去很酷，但实际上我非常想得到同学们的认可。"

我："有没有想过如何与同学相处得更好？"

小宇："老师，周一回家我就一直在想这件事。我不是学习成绩还挺好吗？以前很多同学也主动问我问题，但我都不是很有耐心，以后我会多在学习上帮助他们。"

我："还有吗？"

小宇："平时午餐我都是一个人到外面吃，缺少和他们在一起的机会，以后留在班级吃，我妈妈经常给我做一些小零食，我也可以带来和同学们分享一下。"

我："还有吗？"

小宇："老师，上学期你不是教我们用"我"句式进行沟通表达吗？其实我记在自己的作业登记本上，但一直没用过，接下来我想用一用。"

随着时间的推移，小宇的人际关系悄然变化，我常不定期地在班会上、自习课上、午间休息前和班级同学及时反馈小宇做得好的地方。将班级中一些事务交给小宇去做，在他做事的时候注意提供具体的方式方法引导，帮助小宇树立受欢迎的形象。渐渐地，小宇脸上的表情丰富了，平静之外会大笑、会搞怪。科任老师惊讶于他一学期的改变。他妈妈期末特意发了短信给我："崔老师，谢谢你，小宇不爱表达，有时候做事特立独行，我一直很担心，也试图帮助他改变，但都收效甚微。没想到，一个学期小宇变化这么大，今天一考完试就和同学一起去看电影，这是以往我想都不敢想的。"只专注于学习的小宇开始关注同学、关注班级、关注学校甚至关注社会。

**自我反思**

　　小宇的案例告诉我，"关注问题的解决，而非让孩子付出代价"能够更好地聚焦于解决问题。当出现同伴冲突时，一个必要的环节就是帮助他们修复关系，建立连接。同时，青春期的孩子很多社会技能是欠缺的，老师要在必要的时候帮助孩子学习并运用这些技能，更好地助力学生成长。

**作者信息**

姓　　名：崔丹　　　　　　　　　　　单　　位：广州中学

# 由座位引起的一场风波

**行为关键词：** 被孤立

**运用正面教育理念：**

1. 一个行为不当的孩子，是一个丧失信心的孩子。

2. 孩子的首要目的是追求价值感和归属感。

**运用正面教育工具：**

1. 关注解决方案，不要责备或者羞辱。

2. 教给孩子技能。

行为描述

青春期阶段学生的特点是喜欢彰显个性，自我意识强烈，情绪不稳定。他们面临着三大发展任务，即自我觉醒、建立同伴关系以及容纳内外矛盾。而建立同伴关系尤其重要，他们需要一个群体接受，不断获得同伴的认可。这也是学生在青春期要完成的一大重要课题。而在与同学的相处过程中，有的学生会因为个人的性格问题或者缺乏与人沟通的技巧而与人产生矛盾，不合群甚至被人孤立。如何引导学生与人相处，教会他们沟通的技巧？当班级出现学生被孤立的现象时，及时在班级做出引导，了解学生的内在需求，这对于班主任管理班级，解决班级矛盾极其重要。

情景案例

小颜同学和小雨同学原本相处得不错，平时也是在同一个学习小组，某一天小颜同学突然来我办公室找我说："老师，你能给我换个同桌吗？只要不跟男生坐，和谁坐都可以。"我得知后心中不悦，心想："座位也不是你想和谁坐就能和谁坐的呀。"我直接告诉她要换也只能组内成员调换，因为学习小组在一段时期内是固定不变的。

她轻描淡写地说了一句："组内小雨他们几个联合起来针对我。"

我觉得很诧异，问："为什么？"

她说："我们在网上就有过争论，她不喜欢出国，我觉得出国挺不错的。她指责我不爱国，所以他们几个就一起声讨我，现在都不理我了，也不愿意和我一个小组。"

我当时得知后觉得这是多么小的事情，大家意见不同太正常不过了，这个世界就是因为不同才会发展嘛。没想到事情远没有那么简单。

第二天，小雨就和另外一名男生过来找我，他们投诉说："我们不愿意和小颜同一个学习小组。她说话不太考虑别人的感受。老师，我们都不喜欢她。"我耐心开导了几句，告诉了他们不要随意换座位的原因，也希望他们作为班干部能够团结和包容同学，营造好的班级氛围。之后他们就离开了办公室，我以为事情就这样解决了。

没有想到这只是事情的开端。之后小颜的妈妈打电话给我，说："刘老师，能否麻烦你给小颜换个座位？小雨和其他小组成员针对她，不给她分配小组作业的任务，发试卷的时候也故意不给她。"我这才意识到这件事情没有我想象的那么简单，在小雨的带动下，以小雨为核心的小团体都在孤立和排挤小颜。我静下来想想，对照着正面教育中的错误目的表，梳

理了自己的情绪。我担心这个孩子的处境和班级的整体氛围，如果处理不好，可能会影响整个班级的风气。

我开始考虑如何及时刹住现在班级的这种嘲笑、孤立、排挤同学的现象。我马上召开了一次主题班会，让同学们认识到在言语或者行为上排挤他人也是一种校园欺凌行为，这种行为会给同学和班级带来伤害。我还让他们讨论如何对待这种行为，他们意识到这种行为会给同学带来伤害，于是班上同学慢慢不再去故意嘲笑其他同学，也包括小颜同学。

接着我又召集了以小雨等几个同学为代表的小型会议。《教师挑战》中提道："对孩子的行为做出冲动的反应，会阻碍我们理解行为背后的原因，我们生气的时候，就不会在乎去理解这个孩子。"我试着理解他们这样的行为背后的原因。我问小雨："为什么同学们都对小颜避而远之，没人愿意和她同桌呢？"她回答说："小颜说话总喜欢怼人，又不太有礼貌，有时候让人觉得不太舒服。"我说："虽然她有缺点，但是你们作为同学可以尝试帮助她，而不是孤立她呀。你们有没有想过这样的行为会给小颜同学带来伤害？"我慢慢地引导小雨等同学学会换位思考。但同时我也意识到小颜同学身上存在的问题。小颜同学寻求关注的方式比较消极，通过不友善的语言和粗鲁的行为引起他人关注，这就让同学们对她不满。

接下来我必须教会小颜同学如何与人进行沟通。我找到小颜同学，对她说："小颜，你知道吗？世界上90%的问题，都是由不会沟通导致的。人与人之间最好的相处，是从好好说话开始的。"她感到疑惑，我告诉她同学们对她的看法，小颜说："老师，我在班上很孤单，我没有要好的朋友，同学们好像也都嫌弃我。"我能够感觉到小颜内心的无助和痛苦。我继续说道："你想改变现在这种现状吗？我想你也是希望能够在班级中和同学们好好相处的。与人相处首先要能合理准确地表达心中的想法，这才是良好沟通的第一步。《非暴力沟通》一书中卢森堡博士说，也许我们并不认为自己的谈话方式是暴力的，但我们的语言确实常常引发自己和他人的痛苦。"小颜同学也逐渐意识到自己的问题，开始慢慢做出改变。

后来我也和双方的父母进行了沟通，分别了解了两人在家的情况。小雨同学的家庭比较民主，但是她性格刚烈，自己想做的事情都要达成目的。小颜同学沉迷于写作，热爱阅读，但不太懂得在现实生活中与人相处。我也跟小颜同学的母亲提到了小颜与人相处中遇到的问题，并提出了一些建议，在她母亲的配合教育下，小颜同学慢慢化解了和同学们的矛盾。课间我又能看到她和同学在课室热闹地聊天，也没有同学再来跟我说不愿意和她同桌了。

了解学生的内在需求，关注不同时期的学生的身心特点，对于班级管理很关键。案例中的事件在班级中是经常发生的，我结合了正面教育中的多种方法解决了这个问题。引导学生关注自我需求，让他们知道如何与人相处和沟通，不仅关注自身的感受，还要能够共情，能够理解他人的感受。在遇到问题时能够用积极的方式去解决。一个人的成长和他所处的环境和家庭关系有关。因此我们要加强家校协同，共同育人。老师作为他们成长路上的引路人责任重大，家长和同伴的支持也会影响青春期孩子的健康成长。

姓　　名：刘斯亚　　　　单　　位：广州市天河区汇景实验学校

## 喜欢是一种很美好的感觉

**行为关键词：**异性交往

**运用正面教育理念：**

1. 关注问题的解决，而非让孩子付出代价。

2. 平等与尊重。

**运用正面教育工具：**

1. 倾听。

2. 共情。

3. 使用启发式问题。

行为描述

　　青春期是孩子从儿童成长为大人的一个跨越阶段。初中生正处于青春期，快速发育的身体、快速发展的自我意识，让男生和女生开始产生心理萌动，产生一些从来没有过的体验与感受，这让他们好奇、迷惑又害怕。在13—15岁这个阶段，异性交往发展由小学时的"朦胧期"（男女孩子在一起感到拘束、害羞，往往采取疏远和躲避的态度），慢慢过渡到了"爱慕期"。此时，男女孩子在一起觉得有意思，异性之间互相观察、欣赏的兴趣增加，想接近对方又想掩饰对异性同伴的向往，带着心理上的不知所措与行为上的矛盾。

情景案例

午饭还在嘴里突然听到班里一个女孩子的喊声，"唐老师，小萌晕倒了！"小玉跑到我的办公室大声喊道。我听到之后急急地往教室赶，一到楼梯间就发现小萌靠在墙边。我跟小玉一起把她扶到了医务室，校医检查过后说是低血糖，校医给她喝了一些糖水休息了一阵，我又联系家长接她回家休息。

在送小萌去校门口的路上，小张同学一脸焦急地跟了过来，看到我在前面又保持着一定的距离。在把小萌交到家长手里后，我回过头来看到小张，于是问他："你跟过来做什么？""我担心她，想看着她被接走了才放心。""想不到你还是个心思细致的暖男啊！"因为知道小张同学对小萌的喜欢之情，我还调侃了一句。

这时小玉说话了："要不是因为他，小萌才不会晕倒。"小张此时一脸茫然："怪我？！"我也觉得很意外，于是拉着小玉和小张搞清楚了事情的详细情况。

原来今天小萌早上没来得及吃早餐就来到了学校，空着肚子上完了一上午的课，到了午餐时间又没吃饭。而她没吃午餐是因为小张同学给她带了自己亲手做的饭菜放在了她的桌上。

小张同学一脸失望地说："我早上5点就起来做了，她竟然一点都没吃。"

这两年来我一直在班里贯彻正面教育的理念，跟孩子们平等相处，孩子们也都比较信任我。一个月前小张就把喜欢小萌的事情告诉我。我对小张表达了感谢，感谢他对我的信任。我对他说："喜欢是一种很美好的感觉，我们一起来呵护这份美好。"之后我们就这件事做了一些沟通和

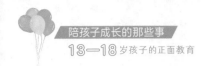
约定：（1）我不做特别干预，例如不把他们的座位分开；（2）他与小萌同学保持正常同学之间的交往，不可有亲密举动；（3）学习上多帮助小萌，尤其是她的薄弱学科。（4）如有任何新进展需要跟我汇报。这一个多月来，小张都做得很好，不过现在事情好像有了新情况。当天中午我便拉着小张开启了启发式提问。

"小玉说小萌是因为你才晕倒的，发生了什么事？"

"因为我给她带了饭，她不愿意吃，班里其他同学吃了。后来她离开了教室，学校的送餐也没吃，导致低血糖晕倒了。"

"你认为造成这个情况的原因是什么？"

"我做饭给她吃让她压力很大，她不想被班里同学说。"

"你是什么感受？"

"我有点失望，也很担心她。"

"你认为这件事对小萌会造成什么影响？"

"她应该很为难，吃了似乎就代表要做我女朋友。班里同学见到我给她带饭都在起哄，所以她就躲起来了。其实我没想那么多，我就是见她每天吃学校的饭都吃得很少就想做点饭带给她吃。我爸爸说女孩子会喜欢会做饭的男孩子。"

"这件事对你有什么影响呢？"

"班里同学老是调侃我俩，有时还会讲一些让人讨厌的话。他们还嘲笑我做饭这件事，他们吃了我做的饭还说不好吃，怪不得小萌不吃。"

"你从这次经历中学到了什么？"

"以后做这样的事要问一下对方的意见，自己觉得好的事情也可能给对方压力。关心同学有很多方式，不一定要那么早爬起来做饭。"

"接下来你打算怎么做？"

"保持低调，在学习上多帮助她。"

"你需要我跟小萌沟通一下吗？"

"暂时不用。"

经过谈话，小张理清了自己的感受也通过换位思考发现了自己做得不恰当的地方。接下来的两个星期，风平浪静。又一个星期过去了，小萌来找我了，她说觉得小张同学最近怪怪的，总是会有意无意地在言语上攻击她，给她讲数学题时动不动就说她又蠢又笨。说完小萌补充了一句："我不是来投诉他的，只是觉得他变化太突然，有点奇怪。希望老师你跟他谈谈。"

我找到小张说明来意，小张便说："我现在已经不喜欢她了。""哦，你不喜欢她了，所以故意让她不高兴。""也不是故意的吧，我也不知道怎么回事。""你是想让全班同学都知道你不喜欢她了？""嗯，好像是这样，我是忍住不去喜欢她。""那你是怎样对待班里其他同学的？会故意骂人蠢吗？""不会，那我也不会常常给他们讲题啊。""看来被你喜欢有风险啊。"小张听我讲完这句话若有所思。我接着问道："接下来怎么办？"小张说："不知道。"我说："这样处理行不行？老师现在就把小萌调去别的小组，座位也离远一点。或者你自己调整跟同学的相处方式，一周后我征询小萌的建议要不要换小组。"小张选择了后者，一周后我问小萌，小萌表示没必要给她换座位。中段考小萌的数学比平时多了20多分，小张同学似乎比他自己进步还高兴。我笑着说："你这个组长当得不错！组员进步，组长值得表扬。"

自我反思

"早恋"这件事经常被老师、家长视为洪水猛兽，认为会影响学习或者幻想一些过分的行为。其实孩子们并不会像我们想象的那样不懂分寸。当我们打击、指责时，孩子们可能会变得偷偷

摸摸，不敢寻求成人的帮助。当我们用一个平和的心态去给孩子们指引时，由于没有了害怕、躲避，他们会从中学习到更多。他们就是在这样的"喜欢"与"不喜欢"中，在"恰当"与"不恰当"中练习跟异性相处，也在其中发现自我，找到自我。

后来，我去到了这两个学生家里家访，我跟小张爸爸提到了据说是他教的那句"女孩会喜欢会做饭的男孩子"。小萌妈妈还比我先开口问起了小张同学。我感受到家长们的态度也在与时俱进，跟两位家长也探讨了青春期孩子们异性交往这个话题。除了担心和制止，老师和家长还有很多可以做，比如教给孩子们一些社交技能、情绪调节的方法、性教育知识等。孩子们就是在体验中学习，在错误中学习。正面教育有个理念就是错误是最好的学习机会。

作 者 信 息

姓　　名：唐婷　　　　　　单　　位：广州市华颖外国语学校

# 给情绪气球松口气

**行为关键词：** 情绪失控

**运用正面教育理念：**

1. 平等与尊重。

2. 确保把爱的讯息传递给孩子。

**运用正面教育工具：**

1. 倾听。

2. 认同感受。

3. 鼓励/表扬。

4. 约定。

行为描述

　　初中学生刚进入青春期，身体和心理发展迅速，处于"心理动荡期"，其心态会出现前所未有的敏感和不稳定，情绪和行为易偏激或难以自控。加之中学生学业较重，升学压力较大，承担着父母极大的期望，更容易产生情绪失控的情况。情绪失控是多数青春期孩子会经历的事情，所以，针对初中阶段的孩子，我们更应该关注孩子的情绪变化，帮助孩子平稳渡过"心理动荡期"。

某天下午放学，学生小王来办公室借我的手机给家长打电话说："我今天不回家吃饭了，"接着又说，"晚上也不回家了，就在教室写作业。"

虽然小王语气很平淡，但这通话内容让我不禁猜想他可能和家长发生了矛盾，所以不想回家。

我尝试问他："怎么啦，发生了什么事吗？"

小王摇摇头说："没什么。"

但我还是感觉情况异常，就继续追问："是不是和爸爸妈妈吵架啦？"

他突然情绪失控了，大喊："我怎么这么失败！"

他的行为吓到了我和其他几个在办公室的老师，同时还有走廊里来回走动的学生，他们都在办公室门口探头探脑。

为保护学生隐私，我第一时间关上了办公室的门。办公室其他老师也过来安抚他的情绪，小王依然情绪崩溃，一直大声哭喊，一直重复"我怎么这么失败！""我怎么什么都做不好！"同时伴随一些自虐式行为：跪在地上双手狠狠地捶地板、狠狠地捶自己的身体……

此时，我和其他几位老师有些手足无措，想上前制止他的行为，但是有点困难。小王正在宣泄情绪，我们能做的是尊重他，在确保他生命安全的前提下给他时间，不制止，不打扰。只有等他先把累积在心中的负面情绪宣泄出来，我才能跟他沟通，倾听背后的故事。

大概持续十分钟，小王站起来对办公室的其他老师说："老师们，刚刚不好意思，能不能麻烦你们出去一下，我想单独和班主任谈一谈。"

办公室只剩我和小王，我给他倒了杯水，静静等待他先开口。

他说："老师，对不起，我刚刚那样情绪失控，太丢人了。"

我说："没关系，每个人都会有情绪失控的时候，你一定非常难受才会这样，可以聊聊吗？"

小王沉默不语，我问他："是不是今天有什么不愉快？"

没想到这么一问，小王又开始躺在地上大哭大喊，说的还是那些话，这种状况持续了几分钟。

我依然看着他，等他哭喊完，平静下来。

直到小王长叹一口气，说："我现在终于感觉平静了。"

我把桌子上的水递给他："来，喝点水，慢慢跟老师说，今天发生什么令你不开心的事情了？"

小王："中午饭堂的饭菜不合口味，难吃死了。"

我此刻要做的是耐心倾听，认同他的感受。我点点头："对呀，我也觉得今天的饭菜不好吃，确实令人不开心！"

小王听到我这样说，抬起头来了，看着我，露出惊讶的表情。

我正视他："我们可以跟饭堂提意见。"

小王说了他一天碰到的烦心事：先是中午饭菜不好吃；午休没休息好；下午的体育课跑八百米，因为太饿了没跑出好成绩；自习课的时候有一道数学题没解出来……

我认真倾听着，中途拿出一包饼干给他。

上中学以来，小王的成绩比小学落后了一些，他爸爸很不满，经常批评他，在他写作业的时候挑各种毛病。他长叹一口气："其实这一年多来，我也习惯了。他甚至会在亲戚们一起吃饭的时候骂我傻。前两天您在班上表扬我期中考试进步很大，我原本很开心，回家跟我爸爸分享了，可是他反而批评我进步一点就骄傲自满，没有看到和其他同学的差距，一直说我有多差。老师，我真的那么差吗？"

小王的话让我想到正面教育的一个理念——"平等与尊重"，又想到"确保把爱的讯息传递给孩子"。

我坚定地回答他："听到你的经历我很心痛，一直以来你承受了这么多。你很勇敢，即便是面对爸爸这样的评价，你依然努力，没有被打败。在老师眼里，你一点都不差！你还有很多优点，你是一个很好的学生。"

他似乎不太相信我说的话。

我接着说："你上课很认真，我从没见过你打瞌睡，书上的笔记也做得很好，交上来的作业也是小组里做得最好的；数学老师也很喜欢你，经常跟我说你很勤奋，有探索欲，常常问他题目；而且这次期中考试题目整体都挺难的，你各科成绩都还进步这么大！"

他有些不可置信地说："我一直感觉自己是个'透明人'，没什么存在感，原来老师你一直在关注我。"

我继续鼓励他："你转学来到这里才半年多，但是你发现了吗？你和班上的同学们都相处得很愉快，而且还和小汤、小梁几个同学成了好朋友，同学们都很喜欢你。"

小王有些不好意思地挠挠头说："谢谢老师，今天实在是不好意思，刚刚情绪有些过头了，我觉得有些丢脸。"

小王在我这里感受到了爱、关心与认可，知道了同学们对他的喜欢，情绪已经平复下来。

但是，由于小王长期遭受父亲的打击，承受父母过高的期望，内心非常敏感、脆弱，为了避免此类情绪失控状况的发生，我和他做了一个约定。

我说："你一点都不需要觉得丢脸，每个人都会有情绪失控的时候，老师也会，这是人之常情，我们勇敢面对就好了，你说对吗？"

他点点头，我接着说："其实情绪不是一下子就失控的，而是因为我们平时积累的负面情绪太多了，没有及时疏导，越积越多，就像气球一样，积累的情绪太满就承受不住了，我们要做的就是给气球松口气。下次再有什么不开心的事情，你可以及时找老师聊聊天吗？"

他有些迟疑，我说："如果你觉得不方便，你也可以找心理老师，无论你说什么，我们都会尊重你，只要不涉及人身安全，都会为你保密。"

他终于点点头，我也松了一口气："那你要记得我们的约定哦！"

小王同学郑重地答应了。

我也终于放心了。

在遇到情绪失控事件时，疏导情绪比压抑情绪更管用。案例中小王平时承受了太多的压力，积攒了过多的负面情绪，导致他情绪失控。事件刚开始，我过于着急地想弄清楚学生情绪失控的原因，没有等学生发泄完情绪就去追问原因，导致学生两次情绪失控。作为老师尤其是班主任，首先要做到耐心倾听，给予孩子倾诉的机会，让孩子能够宣泄心中情绪。其次是要认同孩子的情绪，即使是我们认为的一些小事情，也有可能成为学生情绪失控的导火索。同时，作为老师我们应该给予学生更多的关注，让学生感受到爱，给予学生正面积极的情感反馈。再次，通过鼓励和欣赏去提升孩子的自我价值认同感，去引导孩子进步。最后，通过约定的方式，引导孩子在以后面对类似的情况时，能够更好地去面对。

作 者 信 息

姓　　名：王素　　　　　　　单　　位：广州市第八十九中学

# 老师，小雨"发飙"了

**行为关键词：** 冲动易怒

**运用正面教育理念：**

1. 关注问题的解决，而非让孩子付出代价。

2. 孩子感觉好的时候才会表现好。

3. 纠正行为之前先建立连接。

**运用正面教育工具：**

1. 倾听。

2. 共情。

3. 关注解决问题。

行为描述

　　在班级管理的过程中，似乎每一个班都有一两个情绪调节能力较弱、冲动易怒的学生。步入青春期的初中生正经历着巨大的身体和情感变化，情绪容易波动，有时阳光明媚，有时阴云密布，甚至暴跳如雷。因此冲动易怒的问题显得尤为突出。这部分学生就像不定时"炸弹"，班主任要做好及时"救火"的准备。

情景案例

　　放学后大部分学生已经回家，我在办公室收拾东西。几个同学急匆匆进来跟我说："老师，小雨发飙了，正在砸班上的桌子和储物柜。"我赶紧下去，走到楼梯就听到教室里传来"哐哐"的声音。

　　虽然走得急，但我的内心是平静的，基于我对小雨的了解，也基于这几年正面教育的实践经验，我相信我有能力解决好这个问题，我也明白只有我平静才能让他平静下来。

　　当我到教室门口时，小雨停止了踢桌子、砸储物柜。不过他还处在愤怒状态，拳头紧握，眼里全是怒火，像要把谁揍一顿的样子。眼下让学生去拉开他不可行。他力气很大，是校足球队副队长。我试着走到他面前跟他交流，问他发生了什么事。他没有回答，愤怒情绪并没有减弱，但他并没有抗拒我的靠近。

　　我接着说："是我哪里做错了伤害到你了吗？刚刚下课的时候我就注意到你有点生气，我当时想你可以自己解决，就回办公室了。"

　　他摇摇头。我心里松了口气。他的回应表示有沟通的可能。我花了几分钟，引导他走出教室，尝试跟他聊起来。

　　原来小雨放在储物柜的东西屡次被同学拿走，这次柜子里的东西又不见了。小雨很生气，就把那几个可能弄他柜子的同学的储物柜门和桌子砸烂了。我对小雨愤怒的情绪表示共情，换作是我，我也会很生气。

　　因为用心倾听、及时共情，小雨感到安全、被理解。小雨不仅说了事情原委还聊了同学关系。他在班上没有朋友，平时很少跟同学交流，因为他觉得同学不懂他。同时他不懂得如何交新朋友，一直跟小学同学玩。

　　我暂时不打算给建议，更多的是共情，理解他当下的感受，接纳当下

的样子，表达关心。在交谈的过程中，小雨慢慢平静下来。我们讨论了下次遇到这种情况，可以有哪些同时满足三不伤害原则的解决方法。

可以解决的问题已经基本解决了，但小雨并没有要回家的意思。我意识到他还没准备好如何面对父母，有点害怕。于是我跟他说："我理解你当时愤怒的心情，但是愤怒后的结果我们是要面对的，包括如何面对家人。待会儿跟你妈说清楚这件事。你同意吗？"小雨同意了。我把他送到校门口，目送他回家。

小雨离开后，我马上跟小雨妈妈沟通，讲清楚事情的原委并在事件处理上达成共识。家长承诺不打骂，会倾听、了解事情经过，不唠叨，关注解决问题，赔偿损坏的公物。小雨妈妈尝试了不一样的沟通方式，小雨不仅认识到了自己的错误，而且决定用自己的零花钱来购买课桌和修储物柜。同时因为有效沟通，小雨妈妈赢得了小雨的信任，拉近了母子之间的距离，亲子关系往和谐迈进了一步。

这件事情过去之后，我有意识地让小雨参与到解决问题的过程中，让小雨帮忙搬买回来的新桌子。期末和同学们一起修坏了的储物柜门，留给师弟师妹们一个干净整洁的教室。

我们班的同学都很包容，被打烂柜子和桌子的同学认识到自己随意拿人东西不对，很快就原谅了小雨同学。"不打不相识"，同学们很快就跟小雨玩在一起了。班上的几名男生也特别喜欢修柜子，乐在其中，看着修好的柜子，成就感油然而生。

此外根据中学生的心理特征和实际需要，我在班上召开了情绪管理系列主题班会，帮助同学们认识情绪，觉察情绪，调节情绪。

自从那件事之后，我发现小雨渐渐和同学们融合了。有时和几个同学一起讨论数学问题，一起聊天，一起去帮老师搬书等，参与了越来越多的班级事务。小雨的神情也在发生变化，有时候可以看到他脸上露出笑容，笑容是那么可爱！

　　案例中的突发事件能够比较好地解决得益于以下几个要素：第一，老师和学生建立了良好的连接，学生相信老师会和他一起解决问题。第二，在处理事件过程中，先处理情绪，再处理问题。老师先调节自身情绪，再解决突发事件。在解决突发事件时，先倾听、共情，让学生情绪稳定下来，再讨论解决问题的方法。第三，建立和谐的家校关系，赢得家长的合作。案例中正因为有良好的家校关系作为基础，才能在问题解决方式上达成共识。冲突成功解决也进一步加深了家校连接。第四，借助班级同学的力量。案例中，让班上同学和小雨一起搬桌子、修柜子，减轻了小雨的负罪感，"感觉好才能做得好"，同时也帮助小雨和其他同学建立连接。第五，召开情绪管理系列主题班会，提高学生情绪调节能力。

　　在班级管理中，教师们会经常遇到突发事件。突发事件对于教师，既是挑战，也是机遇。处理不好，可能会让问题加剧，处理得当，可以解决系列问题。

作 者 信 息

姓　　名：林秀红　　　　　　　单　　位：广州奥林匹克中学

# 青春期的陪伴与等待

**行为关键词：**叛逆

**运用正面教育理念：**

1. 尊重与平等、和善与坚定并行。

2. 确保把爱的讯息传递给孩子。

3. 一个行为不当的孩子是一个丧失信心的孩子。

**运用正面教育工具：**

1. 错误目的表。

2. 鼓励。

3. 信任。

行为描述

　　青春期的孩子，不听家长的话，跟家长对着干，意见不同就瞪眼摔门；或者在学校里突然变得暴躁易怒，顶撞老师，不听课，不写作业，跟以前的表现完全不一样。这些叛逆行为与孩子的心理改变、大脑前额叶皮层发育都有关系。在正常情况下，大脑前额叶皮层发育比较晚，这样会让孩子出现判断力下降以及脾气暴躁等情况。这些错误行为的背后，其实也隐藏着目的。我们要找出错误行为背后的原因和目的，帮助孩子回归正常行为。

遮住眼睛的凌乱长发，画满了奇异图案的校服，脖子上挂着一串粗粗的项链，手腕戴着两个黑色的胶圈，不屑的神态，肆无忌惮的谈吐——这就是我面前的他。正在讲台上总结班级情况的我，多次用眼神制止他，实在忍不住了，就点了他的名字，请他注意。他突然蹦出一句："我就是这个样子的啦！我变成这个样子就是被你这个班害的！"说完从后门扬长而去。

我脑子像被雷击一样，立马一片空白，眼泪随之夺眶而出。学生马上安慰我："老师，他最近脾气不好，你不要生气啊。"我不是生气，我是伤心，是失望啊！我班纪律良好，学风良好，科任老师上课没有不夸赞的，我的班怎么就害了他呢？他此前也一直是我得力、信任的班干部！现在却说出这样的话来！他怎么可以这样对我呢？我真是伤心啊！

之后，不断有科任老师投诉他：上课开小差，不交作业，言语无礼，态度蛮横……然后，他的妈妈给我电话，哭诉他在家里手机不离手，喊他写作业，他就威胁要离家出走。

所有认识他的人都说：这个孩子，怎么会变成这个样子！

我也想知道，初一善良、正直、正义、能干、成绩优秀、体谅老师的他，到了初二怎么会变成这样，处处跟你对着干，成绩一落千丈。

学过正面教育的我，开始反思，寻求帮助。我从正面教育相关书籍中翻到"错误目的表"的四种类型，看到"报复"的感觉：伤心、失望、难以置信、心想"你怎么能做出这样的事"时，心里突然一震，这不就是我的感觉吗？（使用错误目的表，先摸清自己的感觉，通过自己的感觉来判断孩子的行为和目的。）这个孩子以寻求报复来掩盖受到伤害的感觉，这种感觉让他无能为力，却又无法解决，只能自暴自弃，跟所有爱他的人对

着干！他到底发生了什么事情？我决定找他好好聊聊。

午休时，我把他约到学校的小凉亭里，这个时候安静，没人打扰。他一脸警觉地跟着我来到凉亭。

我说："你知道吗？在班会上你用那样的话来说我，我有多伤心吗？我这段时间晚上都没睡好，一直在想你的事情。你能告诉我，发生什么事了吗？"

他听到我的话，愣了一下，脸上的表情稍微松弛下来。他没想到，我会直接说出我的感觉。他说："对不起，我不是故意的，我就是脱口而出。"

我说："你最近遇到了什么事，可以跟我说说吗？我保证不跟任何人说。"

他一脸狐疑地看着我："你解决不了的。"

"你说说看，我们一起想办法。"

他说："那天，小江肚子痛，她要回家，我去找你开放行条，你不在，我就自己拿了一张，签了你的名。到门口的时候，保安说我冒充你签名，对我呼呼喝喝，说一看我就知道我是个坏学生，只想着逃课。他凭什么说我是坏学生？同学肚子痛，我送她回家，我就是坏学生了吗？他怎么能这样说我呢？"

我明白了，一向优秀、懂事、单纯的他，想送生病的同学回家，却遭到保安的责骂，因而自尊心受到严重的伤害。

我说："我特别理解你，本来做了好事，却被误解，心里肯定不好受。（共赢的合作，对孩子的想法和感受表示理解。）你跟保安好好解释就可以了，要是保安不信，你可以告诉我，我帮你解释。为什么要顶撞老师，不听课、不写作业呢？那不是影响自己的未来吗？"

他说："有什么好解释的，他看见我跟女同学一起，看见我头发长，就认为我是坏人，就用难听的话骂我，他是保安啊，我一直以为保安是好人，真想不到他会这样看我，你们大人都是骗人的。还有我妈，每天只问我作业写了没，不要玩手机，每天只关心我的成绩，她不知道我为什么要拿手机聊天，我是在帮好朋友解决问题，好朋友请求我帮助，我得帮他啊。你看到我的手环了吗？这是我们友谊的象征，难道我们只是学习的机器，就不能有自己的朋友，不能有自己的事情吗？你们大人就只关心成绩，什么都不懂，天天说为我们好，那都是骗人的。"

我对他经受的事情表示同情和理解，一个一向听话的孩子，突然被这么多信息侵扰，他的内心不动摇是不可能的。他正处于青春期，身体与心理发生了变化，情绪莫名的躁动，学习的压力、家人的误解，已经让他承受了之前不曾承受过的痛苦，他又不会寻求帮助，只能靠叛逆来宣泄自己的情绪，用报复来掩盖他所受到的伤害。

我说："你遇到这么多的事情，你希望怎么解决呢？需要我怎么帮助你呢？"

他说："不需要了，我自己可以解决。"

这次的交谈就这样结束了。

此后，我又多次找他聊天，聊他的认知、他的纪律问题、他妈妈的焦虑，推心置腹，每次都聊一个多小时，聊到我俩泪流满面，每次我都跟他肯定一个信息：不管他有怎样的表现，他在我的心里都是一个好孩子，都是一个优秀的学生，只是现在对社会、对人生有些迷茫。每次我都跟他提一个要求：不要在课堂上跟科任老师顶撞。（信任、约定）

我跟科任老师交代，只要他不影响课堂纪律，作业方面先不做要求；又跟他妈妈说，只要他按时返校，按时回家，学习成绩方面先不管。先解决情绪，再解决问题。在各方面的冷处理下，小林的情绪慢慢平复了，不再像刺猬一样满身是刺了，偶尔还会为下降的成绩担忧。这时候我会鼓励他，你基础好、思维好，只要静下心来学习，提高成绩绝对没问题。（鼓励）

到了初三，他终于埋头苦干了。中考685分，考上本校的创新班。

自我反思

　　孩子的成长，是一个不断尝试错误的过程。特别是青春期的孩子，他们敏感，他们要独立，他们自以为是，他们要承受各种压力，而内心又不够强大、坚定，他们的人生观、世界观还没成形，于是常常做出各种让我们抓狂的事情。一个行为不当的孩子是一个丧失信心的孩子。我们能为他们做的，除了理解与鼓励，就是宽容与等待。我们不要跟他们较真，不要跟他们较劲，不必赢了他们，不必让他们立马承认错误，并按照我们的价值标准去改正。他们的很多事情是不能按常理来处理的。青春期孩子的许多问题都是暂时的，现在并不等于未来，需要我们耐心陪伴与等待。终有一天，他们会走出迷雾，闪耀青春的光芒。

作 者 信 息

姓　　名：曹惠兰　　　　　　　　单　　位：广州奥林匹克中学

# 从"抬杠"到"辩青"

**行为关键词：** 抬杠

**运用正面教育理念：** 关注问题的解决而非让孩子付出代价。

**运用正面教育工具：**

1. 解决问题先要冷静下来。

2. 注意把握时机。

3. 要"赢得"孩子，不是"赢了"孩子。

4. 以同情与和善回应错误，而不是羞辱、抱怨和说教。

　　"抬杠"是中学生形成独立思维过程中一种不成熟的显性表现。在获取信息方式多元化的背景下，他们的人生观和世界观处于塑造的阶段，看待问题易受主观因素影响。学生自我意识增强，希望成人给予自己独立自主空间的同时又渴望获得朋辈羡慕认可的快感。因此学生和老师争辩的情况时有发生，抬杠、反驳可获取朋辈的支持与信任并满足自己的虚荣感。喜欢抬杠的学生思维活跃，能辩能驳，在同学中的号召力不容小觑。

　　本学期期中考试，我们班级的英语成绩退步了，作为班主任兼该科任老师，经过分析后我得出其主要原因是同学们对英语基础知识掌握得比较薄弱，没有及时复习相关语法知识导致失分较多。碰巧周一班会结束后有一节自习课，我想利用这节自习课来给同学们查漏补缺。

　　于是，我情深意切地和班上同学说："我们班英语这次成绩不是很理想，为了了解同学们的英语知识薄弱之处，我们下节自习课上英语吧！"此话一出，班级开始躁动起来，从同学们的眼神中可以看出他们有点无奈。鉴于班主任的"威严"，同学们很快就安静下来。但是部分同学把目光投向了班级的小强，示意他去抗争一下，小强也会意地使了下眼色，看来这位班级"智多星"是要"路见不平一声吼，该出手时就出手"了。

　　小强也是出了名的"热心"人士，大事小事只要是自己觉得不妥当的，都会和同学辩论，尤擅道德与法治科目。每次和同学"杠"一下，他都不会输，甚至也会和老师抬杠，就像电脑里打怪兽升级一样，他觉得连老师都"杠"不过他，心里无比喜悦，沾沾自喜地认为自己才高八斗。

　　小强冒出一句："老师！自习课在课表上也是正课，要依法治班，不能随意剥夺学生自习的权利。"我回答："没有剥夺，是给同学们讲解一下考点，觉得自己已经掌握的可以做作业。"他继续抛出一句："你是班主任，你在这里讲课，谁还敢做作业？"我听了这话后，确实很生气，心里也多少有点委屈。但我还是平静地回应道："老师也是为了大家成绩好才牺牲自己的休息时间啊，你难道没看出老师的苦心吗？"他接着说："老师的月薪是和成绩挂钩并成正比的，我们考差了老师是会扣工资的。"

　　此刻我既愕然也茫然，一个初中生竟然用成年人的口吻说出了他所谓的"真话"。我有强大的冲动去反击，但是我知道如果用羞辱和说教去回应小强"抬杠"是不能解决问题的，这时候要用同情与和善去回应错误，要懂得使用"积极的暂停"。而且小强是在寻求过度的关注及权力，他抬杠行为背后的信念就是，唯有得到特别关注时，或证明没有谁能够主导他时，他才能获得归属感。他想对我表达的就是"你制服不了我"。

于是我说了一句："你好朋友小辰的妈妈也是老师，你可以向小辰求证一下。"接着他继续说道："我们考不好，你会被校长骂的。"我笑了笑说："你也可以直接去问问校长。"我知道解决问题要利用好"非冲突"的窗口期时机给予鼓励，且孩子接受鼓励的时候就能走出"赢得"孩子的第一步。因此我并没有对他无理的"抬杠"提出批评，接着我说道："老师欣赏你心直口快、思维活跃，能勇于表达不同见解，在老师心中你这样聪明的学生最适合代表班级参加年级辩论赛，你去参加可以吗？"

小强愣了一下，见我不仅没有和他继续"杠"下去还表扬一番，他露出了一种既尴尬又喜悦的表情。为了保持在同学心中的形象，他爽快地答应了。

我继续说道："小强的观点是基于劳动业绩与收入报酬的关系，道德与法治课程学得不错。但事物也有特殊性，不能一概而论，要学会客观、理性看待问题。老师的工作包含了爱，爱是需要体会的，爱是付出、包容和尊重，不是所有东西都可以量化的。我们也不能因为同理心用自己的经历去推测别人的遭遇。"小强的锐气消失了，他若有所思地低下了头。我特意问了小强一句："你觉得我说的有道理吗？"他善意地回答道："有道理，其实这节课改英语课也未尝不可，但是……""但是不能整节课都占去，要给你们时间自由支配，对吗？"我接着说。他点头说道："对！对！对！就是这个意思。"

课后我找了小强，鼓励他报名参加年级辩论比赛。通过和他的相处，我发现喜欢抬杠的学生有着一种执着的思辨精神，只要加以引导和培养，就能变为"辩青"，成为一个有真正思辨能力的青少年。小强在准备年级辩论赛的时候成为辩题主要资料收集人，在备战的过程中多次上网反复查

看全国大学生辩论赛视频，学习辩论技巧，指导组员写辩论稿，还和我讨论相关话题。我看到了他为班级荣誉全力付出，看到他实现自我价值的不懈努力，看到了他从"抬杠"向"辩青"的实质转变。

自我反思

　　青春期的学生具有强烈主观意识，由于和长辈有代际信息差，看待同一件事情采取迥异的思维方式，从而客观上会产生思维的碰撞。他们会为了赢得自己在朋辈中的威信或获取过度关注以满足自信需求而不断寻找自身认同的非理性论据去和长辈"杠"下去，为自己所谓的论点找到合理依据。在这种情况下，老师会感到被激怒或是受到挑战，而针锋相对往往不能解决任何问题，学生只会口服心不服，甚至激发更大的矛盾。作为老师应该运用正面教育工具，了解每个孩子会对自己所感觉的环境做出不同的解释，维护孩子的尊严，和善而坚定地对待孩子并相信他们可以为班级贡献一分力量。学会在解决矛盾时，利用错误目的表分析孩子行为的主因，找到解决问题的线索，正确归因孩子行为逻辑后果并制定适宜的策略，给予孩子归属感和价值感。也要尝试用孩子的视觉看待问题，在共情、尊重的基础上发掘孩子的闪光点并加以鼓励，着眼于优点而不是缺点，真正地走进学生的内心世界，赢得和谐、真诚的合作。

作 者 信 息

姓　　名：潘铸雄　　　　　　　　单　　位：广州市骏景中学

# 重新建立连接

**行为关键词：** 抬杠

**运用正面教育理念：**

1. 纠正行为之前先建立连接。
2. 确保把爱的讯息传递给孩子。

**运用正面教育工具：**

1. 告诉孩子你的感受。
2. 转化不良行为。

行为描述

　　每次带班，总会遇到一两个喜欢跟老师唱反调的学生，不管你对他说什么，他总有理由来反驳你。这些孩子大多比较聪明，否则也不会马上想出话来对付老师。他们最大的特点是自尊心比较强，不容得别人说他不好，但往往又表现得不够好，经常违反课堂纪律，甚至跟老师顶嘴。在课堂上，老师如果处理不好，课堂纪律就会很受影响，正常教学也无法实施。面对这样的学生，不能一味地蛮干、采用粗暴的方法，需要老师用智慧来化解。

小艺这个孩子人非常好，他并不是因为不认可老师而故意找茬，心态也非常阳光，也不是家庭原因产生了"攻击型人格"，可是就是"习惯性抬杠"，且一"杠"到底。有时候把老师"杠"急了呵斥他，他也不往心里去，转身就忘记了，下次接着"杠"。他属于"阳光可爱型杠精"。

课堂上，他是一个典型的"问题学生"，比如老师说"吸烟有害健康"，他就说"不一定哦，我姥爷特爱吸烟，活了九十多岁"。开始接触小艺的时候，我非常困扰，各种方法都试过也没用。

我尝试跟他做朋友，认可他，但是认可之后他会更加觉得自己有道理，进而变本加厉地"杠"。我也尝试过在班上大发雷霆，但是他也不急不气，而是继续坚持己见。我曾经尝试过理性说服，让他不要在这方面耽误过多时间，他听不进去。我也曾经告诉自己，这只是他的思维习惯，但是当他每次上课数以几十次地"杠"的时候，每个问题都在"杠"时，我真的会"怒从心头起"。

有一次上英语课，该课的目标是学会描述身边的人。我让小艺来描述，我问他"What do you think of your teachers？"，本来我是打算通过这个提问让他能够答对，进而鼓励之，让他能够受到感染，从而走入"正途"。

他尖着嗓门说："All the teachers are ugly！"说完还得意洋洋地看着我，一副挑衅的眼神好像在说："老师，看你怎么回应。"那一刻，我感到绝望、愤怒。

我相信他知道正确答案，但是他就是要"杠"，我甚至在想是什么让他一定要这样：对我不满意？让我知难而退？想通过这个显示自己

"牛"？也不是啊！我甚至觉得他染上了"抬杠瘾"，一抬杠就爽。我压了压自己的怒火，告诉自己，他没有恶意，他只是个孩子，他就是这个性格，要包容他。

我缓了缓，那一刻我决定放下一切技术和防备，坦诚地找小艺聊一次。我说："小艺，老师真的有点受不了了。"他一愣。

我接着说："以前咱们也聊过，你说你从小就有抬杠的习惯。相信你也发现了，这节课我有些不正常，有时我语气缓和，但很多时候我把嗓门提高了，是不是？"他说是。

"你知道这是为什么吗？其实我和颜悦色是想通过友好的态度让你转移话题。但是这节课咱们几乎每一句、每一处都在'杠'，没有因为我的好态度而有任何改善，所以有些时候我会突然就忍不住，发火了。"

我继续说："孩子，我知道，你没有恶意，这只是你的表达习惯，如果你是故意找茬，我反而会非常释然，那样我会毫不留情地批评你、揭穿你。但是，你没有恶意，正是因为你没有恶意，所以我反复告诉自己，要包容、要忍耐。但是孩子，我真的受不了了，老师也是个普通人，我相信大多数人都希望沟通是有共鸣的、是快乐的，没有一个人希望一节课都是在找茬、抬杠中度过的。"这时我看到他的嘴唇白了。

我接着说："你能告诉我为什么吗？我以前甚至觉得你是对我有意见，但是接触下来我发现不是。"他微微地点点头。

"我觉得那只是你的习惯，但是这个习惯给我带来很大困扰。我甚至想过，是不是我顺着你，你就可以不再抬杠，我尝试过但发现没有用，那只能让你结束这次抬杠，但马上就会开始下一次。孩子，其实刚才我有了一个非常可怕的想法，我想从此敷衍你，你说什么就是什么，知识点爱学不学，即使做错了，我也不批评、不指责。当我发现自己有了这个想法的时候，我觉得很可怕，所以我决定跟你坦诚，聊聊这个事情。"

接着我真心地说："抬杠那只是你的表达方式，不是错。只是我觉得

很困扰，可能我比较强势，对于'杠'的包容度比较低。所以，老师请你接下来克制一下自己，咱们每节课至少有一些时间是真正在交流、有共鸣的。而我也尽量包容，咱们各自妥协、磨合，可以吗？"

这个时候，他有点尴尬地说"老师，我那么说不是想抬杠。"虽然这句话还是在"杠"，但是我知道我的话，他听进去了，因为他的眼神有点不好意思了。打铁要趁热，我接着把学校艺术节班里有个相声的节目要交给他负责这件事情跟他说了。他迟疑了一下，很快答应了，还说自己参加了六年的语言艺术培训班。这时我捕捉到了他眼里微妙的变化，似乎多了一些与平时不一样的内容。

从那一天开始，小艺就忙碌起来了，背朗诵稿，和搭档排练相声，还会指导同学们朗诵。我们班的相声稿很长，难度也挺大，我心里也不清楚他能不能背下来。接下来两周，几乎不用我提醒，每天中午他都会和搭档两人一起练习。偶尔我会问问他排练得怎么样，他却装作很神秘的样子："嗯，到时您看结果就行了。"

学校艺术节那天，看着小艺上场，不知怎的我自己也很紧张。他的朗诵声情并茂，表演动作到位，表情丰富，饶有乐趣。一下来，我就对他说："小艺，恭喜你！你已经成了全校的名人了！"他很开心，这是他最真诚的笑容。

此后，对于我提出的意见，他都比较愿意接纳，我常常跟他说："我们不但表演要出色，我们的头脑也要出色。"他明白我的意思，学习上比以前更加主动了。每当他课堂上不自觉地想说话，我给他一个眼神，他就会收敛。我跟科任老师们也通了气，让他们也留意观察小艺在课堂上的表现，如果有进步的地方，也给予肯定和表扬。在期末的自我评价中，他这样写道："在这个学期里，我有时惹老师生气，学习方面也表现一般，而且还有些古怪脾气，对此，我深感抱歉。希望老师相信我，接下来的学期里，我会努力改正缺点，做更优秀的自己！"

自我反思

　　喜欢抬杠的学生是很难让人喜欢的，但处理他们的问题时，尊重是前提。有时候，他们在课堂上跟老师抬杠，是因为老师就他们的一点小问题或者没搞清楚情况就不分青红皂白在全班面前对他们进行批评。我曾用尽一切方法分析他们、"解决他们"，最后都无功而返，但是当我豁出去剖白我自己的感受时，却可以让他们有所触动。同时，还可以让他们参与到班级的各项活动中，让他们切实感受到老师对他们的尊重和宽容。他们自尊心强，渴望得到别人的关注。我们利用这种心理，在学习上帮助他们，让他们取得不错的成绩，更有助于改变他们，因为学生时期最大的成就感来自学习。当然，你也不可能指望他们马上就会改变，但只要我们真心付出，相信他们也会有转变的一天。

作 者 信 息

姓　　名：龚滢莹　　　　　　单　　位：广州市天河中学

# 给情绪叫"暂停"

**行为关键词：**顶撞老师

**运用正面教育理念：**

1. 一个行为不当的孩子，是一个丧失信心的孩子。

2. 孩子的首要目的是追求价值感和归属感。

**运用正面教育工具：**

1. 控制你自己的行为：榜样是最好的老师。

2. 积极的暂停。

3. 错误目的表。

4. 鼓励。

行为描述

高中阶段学生学业压力大，情绪不稳定，易暴躁易怒。有的学生可能会因为作业、背诵这些任务无法按时完成，和老师发生冲突。正如鲁道夫·德雷克斯所说，"一个行为不当的孩子，是一个丧失信心的孩子"。学生顶撞老师的背后可能是自信心的丧失，对自我的放弃。作为老师，在发生冲突的时候，我们应该控制好自己的情绪和行为，积极暂停，冷静应对，寻找合适的方法帮助学生，鼓励他们改进行为、树立信心、找到自我价值感。

情景案例

　　周五下午放学的时候，班主任兼英语科任老师的我按照惯例，提醒几位单词默写不过关的同学留下来，继续完成昨天的英语单词默写。几位同学都拿了默写卷，开始默写。

　　突然，小华当着全班同学的面大声说道："老师，我背不了！"我愣住了，没有想到小华会当众顶撞我。从分班以来，他一直是我信任的体育委员、得力干将。平时小华也是模范生，尊重老师，特别有集体荣誉感，在各方面都起到了带头作用。我当时没有想太多，而是凭直觉问道："你看大家都能背，你为什么不能背呢？"

　　小华继续大声道："你这样当众批评我，我很生气，我没办法学习英语！"我对小华的反常态度感到困惑，但还是冷静地问他："我只是提醒你要完成英语背诵，语气也很平和，你为什么会觉得我在批评你呢？"

　　这时，我望向小华倔强的脸，意识到，如果我们继续这样交流，只会让冲突加剧；我不能和小华一样被情绪控制。如果我想让小华学会控制自己的行为，那我应该先控制我自己的行为。于是我克制住自己的情绪，走过去，把他单独请到课室外，小声对他解释道："你说我批评你你很生气，但是我确实没有批评你，我只是想要提醒你完成背诵，你看老师也提醒了其他同学。另外，你觉得你很生气，但是你这样大声对老师说话，老师听到了很难过、很伤心。"我也把自己的感受告诉了小华。听了我的话，小华的脸涨得通红，他说："我就是觉得很难背诵，我一听到你提醒，我就受不了。"

　　我冷静下来想了想，此刻如果强行留下他，也不能帮助他完成背诵，倒不如在这种时刻采取"积极的暂停"。于是我对他说："我感觉你现在

情绪有点激动，今天把你留下来也不能帮助你完成背诵。那你今天先不默写了，我们下周找时间再聊聊这个事情吧。"小华听到这话，靠着走廊，脸还是通红，默不作声地望着天空。我接着说道："你今天先早点回家休息一下。"

那一天的冲突就这样结束了，但是我始终没有忘记小华那通红的脸和默默不语的态度。此外，我面对他的英语背诵问题是如此的无助。这种情况让我联想到正面教育中提到的孩子不良行为背后的四种目的，他不就是典型的在英语上"自暴自弃"吗？他平时从未做过任何不良行为，这是第一次与我发生冲突。从他的话语和态度，可以看出这次行为正是他对自己的英语学习极度不自信导致的。

周日晚上，同学们按时返校。我又单独找小华到课室外面，跟他说道："你现在好些了吧？"他答道："好很多了。"我点点头，问："那你现在想跟老师详细聊一下周五的事情吗？"他轻轻点头。我继续说："老师留你下来默写单词，是希望帮助你提升英语成绩，而不是想制造冲突，影响你的情绪。你能告诉我，那天下午为什么情绪那么激动吗？""我的英语一直不太好，背诵单词很困难，每次要留下来默写单词我就控制不了自己的情绪。"小华小声说道。听到这句话，我紧张的情绪放松了很多，顺势表达了对他的信任和鼓励："其实我看你这几次默写，能够写出很多单词来，虽然没有达到标准，但是看得到你的努力，也看得到你的进步。老师希望你能坚持学习英语，那你现在觉得老师怎么做才能帮到你呢？"我知道如果我放弃督促小华学习英语，他只会更加自暴自弃，于是我提出了上述问题。"您还是可以提醒我重新默写，我会尽力完成。"小华说。"我每次还是一样提醒你重新默写，但你可以自己选择时间来找我默写，不一定跟同学们统一默写，怎么样？"我给他提了一个建议。他点了点头。我又说道："其实你现在也能写出很多单词了，如果你继续坚持，分少量多次背诵，你肯定可以的。"我进一步鼓励了他，也提

出了方法和建议。

此后的几次默写，小华还是没有一次性过关，但是我每次都会在默写卷上面特别标注："Good progress. Keep on going."之类的话来鼓励他。我没有因为那次的事件就对他特殊对待，每次依然一视同仁地提醒他要默写。小华也再没出现那种面红耳赤、不能控制自己情绪的情况了。他遵守了我们的约定，每次提前单独找我重新默写。大部分时候他都能够在第二次默写的时候过关；偶尔，他会错一两个单词，但是我都会算他过关，口头表扬他的进步，让他认识到自己的努力带来的进步。而他每次也都露出开心的笑容，说少量多次背诵之后，确实容易很多。小华在英语的学习上也许依然有些费力，但他却找到了让自己坚持下去的方法和动力，进入了一个积极的循环。我和他在英语默写的问题上，再也没有发生过类似的冲突。

自我反思

当一个平时各方面表现优异的孩子出现顶撞老师的情况时，也许这个行为不当的孩子正在某一方面失去信心，我们消除孩子不良行为动机的最佳途径，就是找到一种积极的方法，帮助孩子在这个方面找到自信心和价值感。案例中的小华这种情况在学校是很常见的，很多同学都因为不能按时保质地完成作业、背诵等和老师发生过冲突。在这个案例中，老师在遭遇学生顶撞的时候，运用"控制你自己的行为"和"积极的暂停"两种方法，很好地控制住了自己的情绪和行为，给学生的冲动情绪叫了"暂停"，给学生做出了处理情绪、控制行为的榜样。在知道学生行为背后的原因是自我放弃之后，老师没有一味强求或者放弃，而

是根据学生的具体情况，坚持多鼓励。在这个过程中，老师没有奢求完美，通过降低要求、不断肯定学生的点滴进步来帮助学生建立信心。这既帮助了学生的学习，也引导学生处理了情绪，更使师生关系和谐。

作 者 信 息

姓　　名：聂晓霞　　　　　　单　　位：广州市第八十九中学

# 第四章

# 班级管理

# 我不是坏孩子

**行为关键词：**课堂纪律差

**运用正面教育理念：**一个行为不当的孩子，是一个丧失信心的孩子。

**运用正面教育工具：**赢得孩子合作的四个步骤。

行为描述

青春期的孩子处于自我认同、发展独立意识、逐步完善自我的阶段。他们的思维和行为还未脱离稚气，主观愿望与客观现实常常充满矛盾，会让教育者产生"言行不一"的错觉。老师需要理解孩子的行为，读懂孩子行为背后的信念，引导孩子正向发展。

情景案例

自初一开学以来，小卓上课总爱捣乱，科任老师多次投诉，同学们怨声载道。就在我一筹莫展的时候，他却跟我说："蔡老师，我上课就是控制不住自己的，你罚吧，就像我的小学老师那样，你是要我抄书100次，还是要100次蹲下起立，或者跑操场20圈？"

此刻，我似乎明白了些什么。这孩子，心里是在呐喊："蔡老师，帮帮我，我不是坏孩子，请您不要像小学老师那样，请您摘下我坏孩子的帽子！"那时的我，了解到赢得孩子合作的四个步骤，我知道，基于友善、关心与尊重的谈话方式，可以帮助我们解决问题。

那天，小卓值日，是班上最后离开的学生，而办公室的老师也全部下班了。我去教室把他叫了过来。来到办公室，我拿了一张凳子给他，让他坐在我旁边，这时，我们是平等的。（营造安全、平和的谈话氛围，为鼓励做铺垫。）

我问他："你那天跟我说，你愿意被罚，可是，被罚的感觉可不是那么好哦，你觉得呢？"他惊愕地看着我，然后点了点头。（第一步：表达对孩子感受的理解。他的表情表示，我对他感受的理解是对的。）

我说："如果换作蔡老师，蔡老师也会不开心，我就想啊，为什么老师非要罚我？为什么老师就不可以听听我心里是怎么想的？"说完，他"哇"的一声哭了。而我也感同身受，眼泪在眼眶里打转。等他情绪平复后，我问他："你能告诉我，小学老师为什么罚你吗？"他说："老师，我控制不住自己上课讲话，所以，老师罚我，他越罚我，我就越跟他对着干。"我问他："可是，从目前情况来讲，与老师对着干，对你似乎没有好处。你觉得呢？"（第二步：表达出对孩子的同情而非宽恕；换成启发式语言，让孩子去思考。）

我接着说："你如果继续上课讲话，我担心你的成绩会往下掉，你的同学会越来越讨厌你。"他若有所思地看着我的书架，我知道他在思考我说的话。（第三步：告诉孩子你的感受。在这一步，小卓已经开始思考自己的问题，说明他已经愿意听我说的话。）

我接着问他："关于这两件事情，你有什么解决办法吗？"他说："老师，不如你安排个不说话的女生坐我旁边吧，没有人跟我说话，我就可以控制自己了，你可以让我的同桌监督我。"（第四步：让孩子关注于

解决问题。他自己想到解决方法，认识到自己的错误，并勇于改正。）这次谈话后，课堂上他能做到不私下说话，上课的捣乱行为也慢慢减少了。虽然他的行为有反复，但只需要善意的提醒，他都可以去改正。

自我反思

  在我没有认识正面教育时，遇到学生的问题，我会大发雷霆，恼羞成怒，很多时候会说出一些伤害学生的话，却无法真正解决问题。正面教育中的"赢得孩子合作的四个步骤"教会我如何跟学生沟通。本次案例给我最大的启示是，"赢得"孩子而非"赢了"孩子。当孩子们觉得你理解他们时，他们就会受到鼓励。一旦他们觉得被理解就会更愿意听取你的意见，并努力找出解决问题的方法。

作 者 信 息

姓  名：蔡丽芳       单  位：广州市骏景中学

# 收齐作业也没那么难

**行为关键词：**作业交不齐

**运用正面教育理念：**关注问题的解决，而非让孩子付出代价。

**运用正面教育工具：**

1. 花时间训练，小步前进。

2. 班级指导原则。

3. 专注于解决方案。

行为描述

　　作业收不齐是班级管理中的一大难题。作业收不齐的原因有很多，如：有的同学基础薄弱，作业不会做；有的同学没有按时完成作业；有的同学没有养成按时交作业的习惯；收作业流程不合理；班干部统计作业慢导致反馈不及时；等等。作业收不齐会消耗班主任和科任老师的一大部分精力，催交作业成为老师和学生间的拉锯战，结果常常是看谁能坚持到最后。写作业是学生学习的重要一环，作业长期收不齐会影响班级的班风学风。解决收作业问题，可以培养学生能力，同时也是考验班主任的管理智慧，这是形成良好班风学风的重要抓手和良好契机。

情景案例

作业收不齐一直困扰着我，特别是到了初三，学科多，作业也比较多，经常有科任老师投诉班级的作业交不齐。每次听到这种投诉，我都会到班上整顿一番，或者找科代表了解情况，但是过不了多久又是老样子。这让我感到无奈和挫败。我意识到作业收不齐应该从初一抓起。

新学期，我担任初一班主任，我痛定思痛决心从源头开始解决作业收不齐的问题，培养学生按时完成作业、按时交作业的好习惯。作业收不齐的其中一个原因是反馈不及时。如果学生没有交作业，老师也没有找他，久而久之，学生就会形成"我不交作业也不会怎样"的心理，慢慢就会养成不做作业、不交作业的习惯。缺交作业的学生多了，问题就不好解决了。

那如何能做到及时反馈呢？收作业要快，科代表统计要快，并能快速将缺交名单反馈给班主任和科任老师，以便老师及时处理。在我琢磨着如何做时，我意外在张玉石名班主任工作室看到了《科代表收作业总是手忙脚乱怎么办？》的文章，于是决定在班级尝试。

### 一、按学号收作业，优化流程

我们班48人，每8人一个小组，即1—8号为一组，9—16号为一组，以此类推。

每组的1号（即1、9、17、25、33、41）收语文，每组2号（即2、10、18、26、34、42）收数学，每组3号收英语，每组4号收道德与法治，每组5号收历史，每组6号收生物，每组7号收地理，每组8号收其他科。

为了更高效，我要求学生在作业的下方侧面写上学号和姓名，各小组组长收作业需要按学号从小到大排序后交给科代表，科代表再把各组交上来的作业简单排序。这样科代表不需要打开作业，只要通过查阅作业下方侧面的学号就可以知道谁没有交作业。哪个小组没交也可以快速发现，通知到组长。这样科代表的统计工作由10分钟变为1分钟，大大提高了工作效率。

## 二、教学生怎么做，花时间训练

按学号小组收作业实施初期，也遇到了一些困难。同学们按学习小组安排座位，交作业则按学号小组交，成员散落在各个角落。因此交作业不是就近交，而是要跑到其他地方找不同组长交各科的作业。交作业时显得特别混乱，同学们走来走去，因为大家还不是很熟悉，有的同学甚至不知道自己的作业交到哪里。我想到了教孩子怎么做，花时间训练。

我用了一节班会课训练同学们收作业。为了让同学们更加快速地熟悉自己的工作和各科的作业要交给哪个同学，我把收作业的安排表截成图片作为桌面放在班级的大屏上。让同学们随时都可以查阅作业交给谁。班会课上，我先给同学们介绍了收作业的工作安排和工作要求，再介绍各组的语文组长和语文科代表，并让他们站起来让同学们认识，知道自己属于哪个组，语文作业交到哪里。然后开展一次模拟收语文作业训练，并计时。以此类推，进行下一科，直到全部学科都模拟了一次。经过8次模拟训练，同学们基本熟悉了本组成员有哪些，各科作业应该交给谁。这个过程中，同学们有机会认识更多同学，促进了同学间的相互了解。

一节班会课并不能解决所有问题，还需要后续跟进。在收作业工作没有步入正轨期间，我每天都会在班上看同学们收作业。当看到个别科代表或者小组遇到困难时，我会利用课后时间找他们单独培训。共同商量，寻找解决方案。经过两周的培训和跟进，收作业工作步入正轨，井然有序。各科任老师反映，我们班基本是最快把作业交上来的。

## 三、制订班级公约，及时跟进反馈

收作业的问题解决了，但是作业收不齐的问题并没有完全解决。总是

有个别同学作业交不上来，原因有很多，或者没有按时完成作业，或者忘记带来，或者迟到等。为了解决这一问题，我组织同学开班会，讨论缺交作业的原因，这部分缺交作业的同学可能遇到了哪些困难，我们如何解决缺交作业的问题，等等。

在同学们的热烈讨论下，我们班达成了以下共识并制订班级作业公约：

1. 设立作业登记小黑板，一面登记各科作业，一面登记各科缺交作业名单。

2. 科代表在早读前把缺交作业名单写在小黑板上，并查阅作业是否存在空白，空白作业按缺交作业处理。同时把缺交作业名单附一份给科任老师。

3. 如果因特殊情况迟到，需和科代表及时说明情况，如到校后及时补交作业，不算缺交作业。因生病等特殊因素没法完成作业，需家长告知班主任或科任老师，也不算缺交作业。

4. 每名同学每个科目有三次缺交作业机会（科代表做好统计，并提醒科任老师）。

第一次：上午放学前及时补交作业，并告知科任老师原因。

第二次：科任老师与学生沟通，学生在作业上遇到什么困难，并探讨解决方案。例如有的同学基础薄弱，可以采取分层作业。

第三次：召开父母、老师、学生三方会议，了解学生在家里、在学校是否遇到困难，根据学生的困难共同探讨解决方案，帮助学生解决问题。

5. 如果三次机会用完仍然不能解决作业缺交问题，则按校规处理。

会后，宣传委员将同学们达成的共识制作成海报，并让每位同学在上面签名，张贴在教室里。

### 四、召开班团会，赢得科任老师合作

班级作业公约的有效实施，不仅需要班干部和同学们的共同努力，还

需要科任老师的参与和家长的支持。因此我组织科任老师召开了班团会。在班团会上，我介绍了班级作业公约，和科任老师共同讨论了哪些同学的哪些科目在完成作业方面可能存在困难，分析存在困难的原因，并共同探讨解决方案。最后我们达成共识：对于因基础薄弱、能力不足而不能完成作业的学生采取分层作业，降低难度，布置在能力范围内的作业；对于因学习态度和习惯问题不能完成作业的同学，则邀请家长、学生、科任老师，召开父母、老师、学生三方会议，一起探讨学生存在的困难以及解决方案，形成家校合力，帮助学生解决问题。

在科代表、科任老师、家长的共同配合和同学们的共同努力下，我们班作业收不齐的问题基本得到解决。一个学期之后，同学们基本形成了良好习惯，回校后第一件事就是交作业。

班级管理需要班主任不断思考和尝试，作业收不齐问题能够较好地解决，在于勇于尝试方法让收作业流程更加科学高效；教学生怎么做，花时间训练；制订班级作业公约，用制度管理学生，并及时跟进。作业收不齐问题的解决倒逼学生养成良好的写作业习惯，有助于良好班风学风的形成。

姓　　名：何莹　　　　　　　　单　　位：广州奥林匹克中学

# 我能按时交作业

**行为关键词：**作业交不齐

**运用正面教育理念：**

1. 尊重与平等。

2. 关注问题的解决，而非让孩子付出代价。

**运用正面教育工具：**

1. 关注解决问题。

2. 花时间训练，小步前进。

行为描述

　　学生到了初三第二学期更容易因为作业多、学习压力大或者使用电子产品的时间多等因素，没能及时完成作业。有时候老师由于课程问题或者课时因素，未能及时批改作业，学生就抓住这个漏洞，抱着侥幸心理，一而再、再而三地缺交作业。其实完成作业是一个学生最基本的任务，也是学习知识过程中一个重要的环节，这个学习流程，确实需要落实到位。

　　每天我都坚持在上课前把学生的作业批改完，并且每一本都给予评价。但是到了初三第二学期，我发现班上的小峰同学经常不交作业，我叫科代表提醒过他好几遍，他才拖拖拉拉地把作业交过来。某天趁着下雨天，学生不用跑操，有15分钟的课余时间，我就把他叫过来办公室，了解一下他的情况。

　　他低着头、红着脸，拿着作业本慢吞吞地来到我的办公桌前，小声地说："老师，我来交数学作业了。"

　　当时我确实有点生气，因为每天都是他缺交或者迟交作业，但是我不断地提醒自己，我需要平静下来，不能让情绪影响我跟他的正常沟通。我在旁边拿过来一张凳子，叫他坐下来好好聊一下。

　　刚开始他还是有很强的防备心，害怕我批评他，一直推搪着说不需要凳子，直到我跟他说："我不是批评你，趁现在有时间，我只想跟你聊一下你这段时间的情况。我看到你有几次晚交作业或者没交作业，你是遇到什么困难还是发生了什么事情吗？"

　　小峰低着头没有吭声。

　　我就顺势问他："你对这节课的知识理解了吗？"

　　小峰憋出了几个字："我不会。"

　　按往常的我，肯定会来一番灵魂式的追问，但是我想起班主任正面教育专项培训时，授课老师讲过，骂他，可能当时可以起到震慑的作用，但效果是短暂的，解决不了"不会"这个问题。如果采用惩罚的方式，那应该怎样"罚"？罚抄写，这个操作达不到我想要的效果；罚留堂，学生中午休息时间只有一个小时，紧张的学习，确实需要放松，那么"罚"行不

通。我记得美国著名教育家简·尼尔森分析过惩罚引发的四种负面后果，从长远来看，可能会影响学生的身心健康发展，以及良好品德和健全人格的形成。

我："是我讲得不够清楚还是比较快，你没听懂？"

小峰："还可以吧！"

我："那是什么意思？"

小峰沉默了。

我问一句小峰回一句，不做任何解释和补充，真让人犯难。

突然我脑筋一转，不问关于作业的事，先跟他闲聊一下喜好，让他降低防备心并且愿意开口。

我："如果可以自己选择作业内容，你想做什么呢？"

小峰："我想写读后感。"

我："关于哪方面的？"

小峰："悬疑小说的。"

我："太好啦，我打算下两周开一个读书分享会，主题还没有定好，今天你给了一个很好的主意呢！"

小峰顿时双眼放光，迫不及待地想跟我分享他看的悬疑小说的内容，还有他构想的悬疑情节。

我："你这段时间顾着看课外书，课堂上，老师发现你的眼神游离，思维完全没有跟上老师的节奏，我猜想是不是一直在想着你抽屉里的那本悬疑小说的故事情节？"

小峰不好意思地点点头，眼睛一直看着地上。

我："那这样吧，我很期待能在后两周的读书分享会上听到你独到的见解和分享，但作业你也要坚持完成，有没有困难？"

小峰："嗯嗯，但我这几节课的内容都已经忘记了，写不下去。"

我马上把握这个机会，当面批改他的作业，发现错误的地方及时提问他，逐题帮他分析，他由原来的眉头紧锁到后来的豁然开朗，如释重负。

小峰："嗯，完全明白了。"

我："那很好啊，我听到你这句话都替你高兴啊！其实你的基础不差，刚才我在点评的时候，你都能够回答我的问题啊。"

此时，他嘴角上扬，两眼发亮，看得出来他非常高兴和自信，并且觉得自己并不是什么都不会，是完全有能力完成作业的，就是由于沉迷于看课外书籍，影响到课堂效果。

通过给他面批作业，我发现他缺交作业的原因不仅仅是课堂效率低，应该还有其他原因："我巡堂的时候发现你是会做的，但是你的作业反馈却是空白的。这又是什么原因呢？"

小峰说："老师，其实我在课堂上有时候有听讲，笔记也做了，我也会做。但是我回到家就不想写作业了。"

经过了解，原来小峰的写作业环境就是在一个洗车店的办公室里，经常有员工和客户进进出出，导致他专注力不足。当时我征询他的意见，问他是否愿意参加学校的晚托。他犹豫了一下，说了好几个不想参加晚托的理由，例如：晚托2个小时，可能占用了他休息的时间；他每天都要训练武术；家里还有个妹妹要照顾；等等。

我就跟他分析他现在的情况，最后达成一个共识：每天我给他布置分层作业，只要每天完成课本上一个小框的课后练习就可以了，并且要单独交到我这里进行面批，每天让他自定个小目标，只要完成了，可以随时过来跟老师分享这份喜悦与成功。他感觉轻松很多了，作业题量少了同时作业压力也小了。

接下来的日子里，他都是第一个单独交作业过来的学生，并且接受面批，短短的时间内，他不只改掉了缺交作业的坏习惯，并且是班里数学学科成绩进步最大的学生。

自我反思

　　通过短短的15分钟面批作业，把学习的反馈摆在面前，比教师无边际地说教或者命令式的要求来得更有效果。到了初三第二学期，缺交作业的现象已经是司空见惯的了，但如何改变这个现状？可以通过留给孩子充分表达自己想法的时间和空间，努力争取孩子的信任，师生共同制订双方都可以达成的规则后，逐步调整每一个阶段的小目标的同时要及时跟进与反馈，让孩子感受成长的喜悦，收获成就感和价值感，从而逐渐地改掉不良习惯。

作 者 信 息

姓　　名：周慕仪　　　　　　　　单　　位：广州奥林匹克中学

# 迟来的英语作业

**行为关键词：** 撒谎

**运用正面教育理念：**

1. 关注问题的解决，而非让孩子付出代价。

2. 感觉好才能做得好。

**运用正面教育工具：**

1. 对孩子的想法和感受表示理解。

2. 共情并分享类似的经历。

3. 分享你的想法和感受。

4. 关注于共同解决问题。

 行为描述

初中学生进入青春期，自尊心较强，爱面子，执着于在老师和同学面前保持比较完美的形象。有时候为了维持自己完美的形象，如避免在同学们面前被点名，就会为不按时交作业找理由或通过不恰当的途径解决问题。

早上最后一节课是英语课，在快要下课时我念了早上上课前英语抄写作业尚未交的同学名单，让他们中午吃完饭后补做。

下课后，我正要走出课室，突然，身后传来一个声音："老师，有件事我想和您说。"我回头一看，是班上的明晨。

"老师，其实可可的英语作业没有准时交。"我愣了一下，可可是班上的英语科代表，英语成绩挺好，早上负责收作业并登记同学作业的上交情况。

明晨所讲的话刚好被可可听到了，她的脸唰地一下通红了，正准备拿饭卡的手也停在半空中，轻声地回应道："我交了，老师都批改了。"

"你是在数学课上补做的，你肯定是数学课后再偷偷放到老师桌面的。"明晨补充道。

可可的脸此时像西红柿一样红了，她略提高声音辩解道："我没有在数学课上补做，不要乱说。"

"我都看见了。"明晨不依不饶地说着。

可可虽然有点气急败坏，但依然声称自己是上课前就交了英语作业。此时他们的对话已引来班上一批同学的围观，有的同学还起哄："哇，科代表也不准时完成作业啊！"

可可的脸色已由刚才西红柿般的通红变得有点苍白了，她的眼睛一会儿看着我，一会儿看着地板，喃喃自语地说着有准时交作业。其他同学也都不去饭堂吃饭了，都在等着事态的发展。当时班上的气氛就这样僵住了，感觉空气都要凝固了。我语气坚决地示意同学们都先去吃午饭，之后课室里只剩下我和可可同学。

"老师，我有准时交英语作业的。"看着课室里只有我和她，可可几乎是带着哭腔说话，又急又不安。

为了赢得孩子的信任与合作，我表达了我对她感受的理解："嗯，老师明白明晨在同学们面前说你没有准时交作业会让你很尴尬，很不开心。我也遇到过类似的事情，当时我也很难过和生气，甚至是愤怒。"

可可听了脸上紧张的表情舒展了一些，但头依然低着。"老师，我知道是要按时完成作业的，我交了作业的。"我发现可可把"准时"两个字去掉了。

为了拉近距离，表达出我对她的共情，我摸着她的头说："嗯，老师知道你平时都是准时交作业的，而且作业完成得很认真。"

"是的，老师，我很喜欢英语。"

为了表示对她的进一步共情，我简单分享了我的类似的经历："我读初中时是班上的语文科代表，平时作业都能按时交，但有一次因为语文作文未完成被同学知道后，我当时就想找一条缝钻进去，非常尴尬。"听到这里，可可的头抬起来了，眼睛直愣愣地看着我。

我接着说："我知道你通常在午休前都会做英语作业，但明晨刚才说得言之凿凿，所以我不是很理解。"我很诚恳地表达了我对她的肯定，也表达了我的感受和困惑。

可可的头又稍微低了一些，有点胆怯地说道："老师，其实明晨说的也没错，我确实在数学课上补做了英语作业。"

"哦，昨天怎么没做呢？"我语气中充满着关爱问。

"我忘记带作业本了，我不想吃完午饭后补做，我更不想让同学们知道我作为科代表也没能准时交作业。所以……所以我在数学课上补做，下课偷偷夹到您桌面的作业中。"

"哦，老师理解你的感受。我在初中做语文科代表时也是想在各方面给同学们树立榜样，做到尽善尽美，可能你也是这样想的，所以你才在同

学们面前一再表示你是按时交作业的。"

"是的，老师，我也知道这样做不对。"可可看着我说，眼神已变得坦然一些了。

"嗯，老师很开心你能和我坦诚这件事情。你能想一下这件事情怎么处理更为妥当吗？"

可可已经进入了平时上课的思考状态了："老师，在睡觉前我要检查各科作业是否带齐。如果忘记带了，可以诚实地和老师说明情况。"

我点头表示对她的想法的肯定。"明晨和同学们也在关注这件事情哦。"我提醒道。

可可若有所思，轻声说道："老师，我不好意思和这么多同学面对面地说明这个情况，我写一封信向全班同学解释这件事情并道歉，可以吗？"

"可以啊。"我答道。可可此时已是如释重负的表情了。

第二天我刚到办公室就看到桌面上放着可可致全班的信。看完信的内容，我发现可可把事情的前因后果都解释清楚了，也在信中反思了自己的不妥当之处。同学们看完信后没有嘲笑、排斥可可，反而觉得可可知错能改的品德难能可贵。

自我反思

在我们一线教师的日常工作中时常会接触案件中的事例。在整件事情的处理过程中教师没有喋喋不休的说教，取而代之的是正面教育，注意孩子心理、神情、言语的变化，表达了对孩子的想法和感受的理解，对孩子的共情，分享了自己类似的感受，并引导孩子关注于共同解决问题，使得事情不但有效地解决了，保护了青春期孩子的自尊心，而且也让孩子明白了为了保持完美形象而说谎是不妥当的。

作　者　信　息

姓　　名：莫庆麟　　　　单　　位：广州市天河区汇景实验学校

# 那是一个载满爱的座位

**行为关键词：** 对座位安排不满意

**运用正面教育理念：**

1. 互相尊重。

2. 先处理情绪，再处理问题。

**运用正面教育工具：** 使用启发式问题。

行为描述

　　现在的初中生因为接触电子产品多，近视的越来越多。班主任定期调换座位，一方面可以避免学生长时间坐在同一个位置可能引发斜视、近视的情况，让学生多角度看黑板，减少对眼睛的伤害；另一方面可以让学生近距离接触不同的同学，加深同学间的了解，促进同伴交往，增进同学感情，提高班级凝聚力。

情景案例

　　班会课上，我进行了这学期的第二次位置调换，这一次没有像上次一样进行小组编排，而是实行整组移动、组内协调的方式。

　　和班干部、组长们几次协商，综合各种因素，反复更改了一个星期，终于将这次的座位调整好了。班会课上我宣布了这次各小组的座位安排，组长宣布了各成员对应的位置之后，大家就开始各自整理书包更换座位了。可是，我留意到小齐一直坐着没有收拾东西，也没有说话，一副看起来很不满意的样子。这时，她的组长小欣催了下："小齐，赶紧收拾东西搬座位了。"小齐大声喊道："我知道，催什么催。"正在搬东西过来的其他小组成员也接话了："大家一起搬才行啊，不然我们过来坐哪里啊！"大家七嘴八舌的讨论声、搬桌子声不绝于耳。我看到小齐腾地站起来，开始使劲拖动桌子，然后将自己的东西搬到了第一排。

　　其实，小齐的位置在确定之前我已和班干部、小组长协商了好久，才决定将她放在第一排的。于是，我用眼神示意小欣去沟通一下。当组长小欣过去问小齐是否不满意现在的座位时，小齐生气地说："我就是不想坐在第一排。"小欣说："上次坐第三排你也不肯，就是非要和小林挨着坐，结果你们天天讲话，你看这次你的成绩都退步了好多。"小齐满脸通红，双唇抿得紧紧的，愤怒地站起来说："不就是嫌弃我拖了小组的后腿吗？那我就和老师说不在这个组好了。"组里的一个同学也出声了："你想坐第二排和小林一起玩，是吗？"另外一个组员说："你在我们后面我们没法监督你啊，你总偷偷玩。"小齐更生气、委屈了，眼泪"唰"一下掉了下来，双手抱着头趴在桌子上哭了起来。其他同学还在小声地指指点点，我感觉这样下去，场面会一发不可收拾，刚好下课铃响了，我说：

"有对自己座位不满意的同学可以找组长或者我沟通，本周内都有效。"然后就示意大家下课，同学们都放学回家了。

我觉得有必要和小齐谈谈，告诉她我们之所以这么安排的良苦用心。我提醒自己，切勿操之过急，应该应用正面教育的基本理念之一："要尊重孩子，批评说教解决不了问题，此刻应该先处理情绪，再处理问题。"我走到小齐旁边，轻轻地拍了拍她的肩，塞给了她纸巾。我并没有着急叫她起来跟我出去，而是等她哭了一会儿，擦干眼泪，平静下来之后，才让小齐和我出了教室。小齐红着眼睛、低着头跟着我出来了，我感觉这是好的开始。

来到办公室，我让小齐坐下来，她依然很不开心，低着头，眼带泪花，一副很委屈的样子。我知道，如果我立马告诉她，是我和组长一起决定让她坐第一排的，她会立马将我放到她的对立面，觉得我偏心，那么她就很难再信任我。这时，我的脑海里浮现正面教育的一个工具：启发式问题。

要等孩子平静下来之后再提启发式问题。先处理情绪，首先我表达了对小齐感受的理解。我说："小齐，我知道让你坐第一排，每节课老师就在你面前讲课，你很有压力，甚至还得吃粉笔灰，这让你很不开心、很委屈，我理解你的心情，我读书的时候个子一直偏矮，所以经常坐在第一排，那时我也觉得很痛苦，很有压力。"

小齐听了我的经历，稍微放下了她的戒备心，但仍然挺委屈的，红着眼圈说："我就是觉得坐第一排很有压力，而且她们就是嫌弃我成绩不好，拖了大家的后腿。"

接下来确保与孩子建立爱的连接，让孩子知道之所以这么安排，是爱她的表现，是想让她变得更好，而不是嫌弃她。我说："我留意到你平时和小组的成员一直相处得很愉快，大家也都是互相督促、提醒、帮助的，那么我们现在想想，你觉得组长小欣为什么执意让你坐第一排，错开和小林的位置呢？"

小齐说："她们觉得我和小林在一起讲话，成绩差，拖了小组的后腿。肯定是这样！"我知道，想让她意识到自己不愿意坐第一排，主要是想逃避老师和组长的监督，和好朋友小林坐一起玩，是需要策略和时间的。

接下来我需要告诉小齐我的感受和想法，并提启发式问题。我说："我也知道坐前面离老师比较近，容易被监督。那老师想知道，你最初选择小欣当你的组长的初衷是什么？你觉得自己的自控力如何呢？"

小齐低下了头，双手拽着衣角，说："她比较正直，我想让她督促我改掉上课注意力不集中的坏习惯，我想和小组一起进步。"我悬着的心终于放下了，她的初衷还在。

接下来，我只需要相信孩子能够在我的引导下解决问题。我说："很开心你还记得你的初衷，那么现在你想想，平时你没考好，小欣和小组的成员嫌弃过你吗？大家是怎么做的？小林和你坐一起，你们听课的效率你觉得怎么样？你退步了，小欣可以不管，让你继续偷着玩，但她却偏要你坐在她前面，在她抬头就能看到的位置，意图是什么呢？在老师的眼皮底下，老师是不是更能及时发现你的问题？……你用心体会下，这些都是有利于你的还是有害的呢？"

小齐想了一下，说："老师，我确实应该坐第一排。我不太自觉，总是想着玩，我同意坐第一排，让大家督促我调整状态。"

我给她竖起了大拇指，郑重地点头说："非常好，那么等你觉得自己调整好了，想和小组的其他同学交换，你再和组长协商，你觉得怎么样？"

小齐开心地说："谢谢老师，我会努力的。"

我又给她竖起大拇指，说："老师相信你！还有，组长小欣可能因为你刚刚的情绪，心里也很不好受，你还需要沟通下。"小齐说："谢谢老

师提醒！我知道了。"然后小齐就开心地走出了办公室。

我松了一口气，事情得到了基本的解决。第二天一大早，我就看到小齐坐在第一排，她和小欣相视一笑，两人开始认真地早读。从小齐的眼睛里我看到了久违的光，小欣的脸上也洋溢着开心的笑容。这件事使大家都得到了成长，互相尊重、进行心与心的沟通永远是相处中最好的法宝。

自我反思

　　利用启发式问题，引导孩子自己想明白，比老师生硬的说教更管用。案例中学生对自己的座位不满意，觉得老师偏心、同学排挤，本是每个班主任都会遇到的问题，但是老师并没有直接介入进行说教，而是运用正面教育的工具——启发式问题，等孩子平静下来，确保与孩子建立了爱的连接之后，再运用自己的智慧提启发式问题，相信孩子能够在老师的引导下解决问题。作为班主任，我们通过这样的方法，能够培养孩子形成独立完整的自尊体系，对周围的人都有着足够的爱心，让孩子习得处理事情和情绪的方法。

作 者 信 息

姓　　名：马丹　　　　　　　　　　单　　位：广州市南国学校

# 我们的座位，轮流坐

**行为关键词：**对座位安排不满意

**运用正面教育理念：**关注解决方案，而非责备。

**运用正面教育工具：**解决问题的四个步骤。

行为描述

　　初中学生正处于青春期，往往比较容易冲动、激动甚至行为失控。教室是学生成长的重要场所，在这个空间里同伴们如何相处将影响到学生的身心健康和人格健全。教室内因为座位问题常常引发矛盾冲突，学生为了座位会争吵甚至打架，最后也许以某个人妥协告终，但妥协的背后可能是怨恨和愤怒，争夺之战背后的问题如果没有得到解决，矛盾可能会进一步深化。因此，引导学生互相尊重、互相体谅，教会学生用合理的方式表达自己的诉求、寻求有效的解决方案，是老师不可回避的责任。

"铃铃铃……"放学的铃声响起，小俊低着头、红着眼眶走进办公室，跟在他身后的，是瞪着眼喘着大气的小毅。

我站起来，轻声问道："发生什么事了？"

小毅气呼呼地说道："他，总是坐在第一排，从来不换，这么多个星期了，凭什么他一直都坐在最前排？"

"我哪里一直坐在最前排？你是眼瞎了吗？"话还没说完，小俊不甘示弱地开始反击。

"还说没有，你就是一直坐在最前排！"

两个人你一言我一语地吵了起来，情绪都很激动，满脸通红。我感觉到两个人话语里浓浓的敌意，再争吵下去，两个人可能就要动手了。

此刻我想起了正面教育的基本理念之一："关注解决方案，而非责备。"

我改变了以往的教育策略，运用正面教育的工具：解决问题的四个步骤。

解决问题先要抽离问题，暂时搁置出现的问题，让他们冷静下来是当务之急。我及时制止了他们的针锋相对，温和地说道："这样吧，你们俩现在都太激动了，没办法解决问题。要不，你们俩先各自找个位置坐下来，用纸和笔写下事情的经过和你们的感受，之后我们再一起想办法，行吗？"

两个人依然气呼呼的，但还是接受了我的意见。小俊和小毅各自找了个空位置坐了下来，拿起纸笔开始书写。

我坐在座位上边处理自己的事情，边耐心地等待着他们。看得出来，在书写的过程中，小毅和小俊的情绪逐渐平静了下来。

大概过了10分钟，小毅写完了，他拿着纸走到我面前，我接过纸，平静地问："写完了吗？那我先看看你的。"

小毅点点头。

纸上有力的笔迹可以感受到小毅深深的愤怒，小毅在纸上控诉小俊每个星期都是坐在小组的最前排，一开始小俊因为视力原因征得组员同意被照顾坐在前排，大家希望他尽快去配眼镜，结果半个学期过去了，小俊还没有配眼镜，并且要求一直坐前排，其他人没意见，但耿直的小毅就不答应了，所以两个人就吵起来了，甚至还在教室里扭打了起来，后来谁也打不过谁，就一起拽着来办公室找我了。

看完小毅的陈述，我没有发表意见。

这时，小俊也写完了，我对小毅和小俊说："你们可以先站着稍等一下吗？我把小俊的看完。"

小毅和小俊都点了点头。

小俊在陈述里没有提及之前组员对他的照顾，只关注到了这次小毅对他的语言攻击甚至肢体的推搡，显然两个人的关注点和信息是不对等的，我意识到这可能是争吵的根源。

接下来要让他们互相以尊重的方式把问题谈开。

看完了小俊的陈述，我转过头对小毅和小俊说："我觉得你们有必要先看看对方对这件事的看法。你们看完之后我们再来交流。"

我让小毅和小俊交换阅读各自写的陈述。看他们阅读得差不多时，我说道："现在，你们各自向对方表达一下对这件事的看法。谁愿意先来说说？"

情绪已经平稳下来的小俊恢复了往日话匣子的本色，先开口了："我确实没有注意到组员们已经照顾了我这么长时间了，我当时只是觉得自己有点看不清，随口说说，也没想过组员们会不同意，所以也没放在心上；

而且小毅今天叫我坐到后排去的时候，态度特别凶，当时是下课，我有点听不清，就没理他，他就跑过来推了我一把，把我桌上的东西都碰翻在地上，我一下子被激怒了……"

小俊说着说着，声音渐渐小了。

我点点头，转向小毅："小毅，你也来说说自己的看法。"

小毅接过小俊的话："我不知道他没听清，我以为他是故意装作没听见，而且当时他的表情特别不屑，我就一下子被激怒了，我本来是想拽他的衣服，结果他躲开了，我手一缩，不小心把他的书本给推倒了，但我不是故意的……"

两个人话语里的敌意没有了，只剩下真诚的歉意。

我松了一口气，解除了两颗情绪的炸弹，接下来应该要引导这两个孩子达成一个双方同意的解决方案了。我看着两个渐渐恢复理智的孩子："那我们能做点什么来解决这个问题呢？"

小俊坦诚地说："我坐到后面去吧，我跟其他组员一起轮流。"

我点点头，向他竖起了大拇指，转向小毅。

小毅也真诚地说："要不，你还是坐前面吧，你坐后面看不见。不过，你能不能尽快去配一副眼镜？"

我赞许地对小毅点点头，对小俊说："你同意小毅的解决办法吗？"

小俊点了点头。两个人达成了和解，也寻找到了互相妥协的方案。

我松了一口气，事情得到了基本的解决，但小组的座位是小组成员共同决定的，只有小毅和小俊的意见似乎还不能代表小组。为了避免类似的情况再次发生，我对小俊说："小毅现在能理解你的处境，也能体谅你，但是组内的其他同学还不清楚你们的决定，为了避免冲突，我们还能做点什么？"

小毅灵机一动："要不我们去跟组内的同学都商量一下，也把我们的想法告诉他们，看看他们还有什么意见？"

小毅像是征求意见似的看着小俊，小俊点了点头。看着这两个孩子勾肩搭背、有说有笑地走出办公室，我的心头大石终于落地。

第二天，我一走进教室就看见小俊坐在小组的后排，戴上了帅气的眼镜。从组内孩子们脸上的笑容看得出来，这件事情得到了圆满解决。

冲突是学习成长的好时机，也是团队成长的契机。孩子们从冲突中学到了解决问题的方法，更学会了换位思考，实现了共同成长。

自我反思

让孩子自己解决问题，比老师生硬地说教更能帮助孩子成长。案例中的事件在班级管理中非常常见，对学生影响很大。在两个孩子情绪失控的时候，老师没有简单地说教或一味地安抚，而是运用正面教育的工具——解决问题的四个步骤：先引导孩子暂时搁置出现的问题，让孩子冷静回忆事情经过，不仅让双方的情绪降温，更让孩子有了重新审视事情的契机；接着引导孩子以互相尊重的方式把问题谈开，消除双方的误会；在情绪恢复正常、思考恢复理性后，引导孩子达成一个双方同意的解决方案；在没有办法解决问题时学会寻求帮助。这样的解决，其实也是在给孩子示范如何解决问题。

作 者 信 息

姓　名：胡立华　　　　　　　单　位：广州市第八十九中学

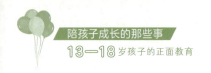

# 正面教育燃起班干部主动意识之心

**行为关键词**：班干部自主性不足

**运用正面教育理念：**

1. 纠正行为之前先建立连接，确保把爱的讯息传递给孩子。

2. 孩子的首要目的是追求价值感与归属感。

**运用正面教育工具：**

1. 表达信任。

2. 细小步骤。

3. 约定。

4. 反馈与跟进。

行为描述

  班级是学校开展各类活动最基本的组织单位。一个得力的班干部团队是维护和推动班级工作的有力助手，是带动全班同学实现集体发展目标的核心。班干部缺乏主动性是一个普遍性问题，初中阶段的学生在任务规划、组织和自我管理方面的能力还不够成熟，需要更多的指导和支持，以提高他们的自我调节能力和自主性。

情景案例

　　翘翘是一名班长，负责带领班干部团队和组织班级活动。在初二开学前一周，翘翘收到负责筹备校运会的工作任务。面对这个重要任务，他充满热情地开始了准备，在班群与同学们商讨项目安排、任务分配、物资准备等内容。一周后，他的主动性逐渐减弱，不再主动组织会议和沟通，也没有及时跟进各项准备工作，整个筹备工作进入了停滞状态。

　　察觉到翘翘的变化后，我在周一放学后与他进行交流。我问他："翘翘，筹备校运会的工作进展不太顺利，是遇到什么困难吗？"

　　翘翘犹豫了一会儿，说："邓老师，独立筹备运动会让我既开心又担忧，开心的是您相信我，担忧的是现在什么都在准备中，但又什么都没做好，怕最后的结果不好。现在我都不知道要从哪一步开始。"从翘翘的话里，我知道孩子此时因困难使自信心下降，自主性不足。这需要老师更多的指导和支持，以发展他们的自我调节能力和自主性。

　　首先，表达信任。当我们对孩子表达信任时，孩子会产生对生活的勇气和对自己的信任。

　　我："翘翘，在这一年里，你被选为班长并连续荣获优秀班干部，充分说明同学们对你的认可和支持。这一年里，你协助我共同管理班级，科任老师都对你赞不绝口。因此你要相信自己是有这个能力的！"

　　翘翘："你觉得我真的可以胜任吗？"

　　我："真的！"

　　翘翘："但现在筹备工作一团乱，我也不清楚要从哪一步做起了。"

　　如果我直接把方法告诉他，那么孩子会依赖我。

　　其次，细小步骤。把任务细化，让孩子体验成功。

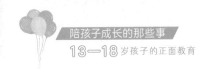
我："回想我们第一次一起筹备校运会，我们是怎么做的？"

翘翘："召开会议，各部门认领任务，各部门商议好阶段性任务，各部部长监督本部门任务，按日期检查任务完成状况并完善。"

我："很好，你记得清晰的流程，哪些是已经完成的，哪些还没开展呢？"

翘翘："召开会议和任务分配已经完成，但任务分配比较零散，没有具体的部门跟进落实。还有后续的流程也没开展。"

我："那怎么办呢？"

翘翘："再次组织会议。"

翘翘迫不及待地召集了第一次自主的班干部会议，我在一边旁听。会议上，翘翘先展示了具体的任务，让各部门进行认领；再让各部部长组织部员商议流程和要求，确定好检查的日期；最后各部汇报商量的结果。会后，他们都表示一定能够筹备出一场难忘的运动会。

但过了一个星期，新的问题又来了：有些班干部缺乏主动性和自我管理能力，任务没有按阶段如期完成。

再次，要进一步解决班干部缺乏主动性的问题，要运用"约定"。进行讨论，让每个人表达对问题的感受和想法。

我和翘翘一起商议这次会议的主题，利用周五的班干部会议进行商讨。

我："个别部门的任务没有按要求如期完成，是遇到什么问题？"

学习部："安排同学们写加油稿，他们很多都说写不好，不愿意写。"

宣传部："班服的图案大家意见纷纷，得不到统一。"

体育部："个别项目没人报名。"

我："我们根据上述问题一起思考10分钟，然后分享办法。"

10分钟后，大家七嘴八舌地讲出自己的办法。我提议一起投票决定哪些办法比较可行。10分钟后，大家共同票选出可行的方法。

我："那你们认为什么时候完成这个任务比较合适呢？"

宣传部："我们利用下周一的班会课，对班服进行投票表决。"

体育部："下周一班会课，让同学们推举人才，然后投票表决。"

宣传部："也是下周一，按项目和时间，让同学们自选，每人至少认领一个项目。"

我："非常好，我希望你们以后再遇到问题时，可以利用班干部会议一起商讨，一起解决问题，充分发挥团队的作用。"

班干部们："明白了，邓老师，我们会努力的。"

这次会议之后，凡是遇到任务没有按时完成，班干部们都会利用周五的班干部会议进行商讨，投票选择办法，对执行约定的最后期限达成一致。筹备工作得到了一步步的落实，最终迎来了校运会。在翘翘和其他班干部的合作带领下，我们班被评为"文明班"，并获得了开场秀第一、团体总分第一等优异成绩。

最后，反馈与跟进。为了进一步强化班干部们的自主性和积极性，在周一的升旗仪式上，我让各部门的部长上台领奖，感受成功的荣耀。班会课上，除了为获奖的同学颁发奖状外，我也给每个部门都颁发了奖状，肯定他们此次的付出。同时，我还把整个校运会的点滴记录下来同步分享到家长群里，与家长们共享成长的快乐。此后，班集体逐渐有效自行运转。

自我反思

缺乏主动性在初中生班干部中是普遍存在的。这是由该年龄段的心理特征所致，并非个别情况。因此，当出现这类问题时，作为班主任的我一直保持着积极的心态和学生一起合作解决问

题。在整个过程中，我坚持正面教育的理念：孩子的每个行为都是为了寻求价值感与归属感。在纠正行为之前先建立连接，确保把爱的讯息传递给孩子。能取得如此圆满的结果，我认为以下四点是关键所在：第一，正面教育的工具在使用过程中不是简单割裂按序施行的，而是彼此交互运作，最终达到效果的最大化；第二，我只是充当引导者的角色，充分发挥了学生的主体性地位，把主动权交给他们，与学生合作共赢；第三，我把尊重和鼓励贯彻始终，并一直用肯定的言语向学生传送"你能行"的信号；第四，家校合作，为学生提供发展动力。用图片、文字等方式完整记录他们成长的过程，与家长分享成长、成功的喜悦。但美中不足的是，班主任不仅需要锻炼班干部自主管理的能力，还应该积极发挥平行管理的作用，把自主性落实到每一位同学，最终形成班集体自主管理的良好氛围。

作 者 信 息

姓　　名：邓婉玲　　　　　　　单　　位：广州市第八十九中学

# 改变，从心出发

**行为关键词：** 扰乱课堂纪律

**运用正面教育理念：** 孩子感觉好的时候，表现才会好。

**运用正面教育工具：** 赢得孩子合作的四个步骤。

行为描述

　　初一学生刚刚跨入青春期，理性思维的发展还有限，身体发育、知识经验、心理素质方面依然保留着小学生的特点，因此容易出现种种言行冲突和矛盾。在这成长中的关键转变期，教师需要尝试从学生的角度出发，理解学生的不当行为，与学生共同分析不当行为产生的危害，并一起制订解决措施。

　　小威平时上课爱讲话，有时甚至还自言自语、自娱自乐，老师们每次批评他，他还顶嘴，因此科任老师们对他有较多投诉。有一次英语课上小威多次和旁边同学聊天，英语老师只好停下讲课，严厉地对他进行了批评，他反而不耐烦地插嘴回复："我哪有！""哎呀，你别说啦，我知道啦，烦死了。"小威屡教不改，针对这个问题，我和他进行了谈话。他不服气，说："老是说我，我只是跟同学聊一下而已，她（英语老师）就批评我，好烦。"我问他："那你和同学在聊什么？"等到他说完，我便说："这确实是挺有趣的话题，老师发现你看待人或事常常很有自己的看法，也很喜欢表达啊。"他开心地说道："对啊！老师，我跟你说……"他还想进一步跟我分享他的话题。（第一步，站在学生的角度，对学生的行为表示理解。）

　　然后，我说："我在四年级的时候，一次数学课小测，向同学借笔，站了起来去拿，被老师严厉批评。当时我还大声为自己辩解，老师觉得非常生气，训斥了我。"小威很感兴趣，非常认真地看着我，听我说后一脸惊讶地问我："哇！真的吗？那个数学老师这样冤枉人，也太过分了。老师，你有没有骂回去啊？"我说："没有呀，数学老师后来找我谈话，我也意识到了自己这个举动有作弊的嫌疑，老师对我的怀疑、批评不是没有道理，而且与老师争执还扰乱了课堂秩序，更何况当时还在测验。这件事让我觉得很丢脸，因此留下了非常深刻的印象，你现在或许有跟老师当时一样的感受，对吗？"他低下了头，露出尴尬的笑容，点了点头，说："是啊，老师这样批评我，好多人盯着我啊，被这么多人看着真的不是滋味。"（第二步，以自己的亲身经历，表达出对孩子的同情而非宽恕。）

　　我说："老师很担心，因为经常被批评、被罚，会打击你的自信心，然后你会变得自卑或者暴躁。这样下去，科任老师们都会对你很失望，同学们可能会讨厌你，不愿意跟你交往。那么，关心你、喜欢你的人将会越来越少，你在学校会越来越孤单，老师不希望你就这样度过初中的岁月。"他微微抬起了头，眼睛微红，眼眶湿润，沉默了一会儿，之后望向窗外，似乎在思考着什么。我就这样等待着他，随后，他一副为难的样子，说道："我知道我多嘴，可是上课好无聊，我听不下去，我不知道做什么。"这时候我看到的、听到的不是不耐烦，更多的是无奈和无助。（第三步，告诉孩子你的感受，用理解与真诚打开孩子心房。）

　　我问："那你有没有解决办法，让自己避免难堪？"他沉思了一会儿，说："要不老师找个班干部监督我，我一多嘴就提醒一下我。"我欣然点头，说："不错，但你刚刚说上课无聊，不知道做什么，往后该怎么办？"他忽然往前走了一步，说："要不我以后拿笔多写点什么，做做笔记，写写单词，这样或许可以减少动嘴聊天的现象。"我笑了笑，说："你这个方法很好，知错能改是一种美德，老师期待你的进步。"在这之后，小威同学上课说话、跟老师顶嘴的现象虽然没有完全消失，但相比以前有了明显的减少，我继续耐心地观察，并适时给予鼓励与指导。（第四步，引导孩子积极地关注于解决问题，把错误当作学习的机会，学会自己寻找解决办法。）

自我反思

　　以前在和学生相处的过程中，我常常会直接批评，缺乏耐心，缺乏对学生的理解。正面教育的理念使我掌握了更多与学生相处的正确方法，在本次案例中也有所运用，我意识到，在谈及学生问题时，可以以更加温和的方式去处理，学生会更愿意去聆听和接受，拉近了我与学生的距离，同时，让学生感受到你的尊重与关心，孩子感觉好的时候，表现才会好。

作 者 信 息

姓　　名：邱海燕　　　　　　　单　　位：广州市骏景中学

# 当"惩戒"有了温度

**行为关键词:** 挑战规则

**运用正面教育理念:** 关注问题的解决,而非让孩子付出代价。

**运用正面教育工具:**

1. 始终保持和善而坚定。

2. 纠正之前先建立情感连接。

3. 专注于解决问题,并让孩子们自己想出办法。

4. 设立界限。

初中生处于个性发展和三观形成的重要阶段,他们可以便利地通过电子产品接触网络上层出不穷的各类资讯,受到各个层面的思想价值观的影响,他们大多敢说敢做,无所顾忌。又由于青春期的到来,不少男生喜欢以特立独行和挑战规则来赢得大家关注,在校园逾越规则、挑战规则的行为屡见不鲜。

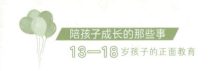

情景案例

    小李、小阳、小张三名男生个性张扬，经常不遵守课堂纪律，随意说话离位，顶撞任课老师，严重干扰了课堂教学秩序。有一回，他们还从校外买回三瓶含酒精饮料，在操场喝并邀请其他班级同学一起喝，造成很多同学围观，影响很坏。鉴于三名同学的以上表现，学校德育部门依照《中小学教育惩戒规则》和学校《学生违纪行为处理条例》，决定对他们处以口头警告的处分。

    班会课上，气氛沉重。当得知学校将要对他们进行口头警告处分时，一向行为乖张的小李、小阳、小张三名同学面色阴郁地坐在座位上，其他同学也默不作声。

    我轻轻说了句："现在大家一起想想怎么办才好。"纪律委员说："他们经常违反纪律，干扰大家学习，受点教训也是应该的。""可是才上初一，他们就受学校处分，别人会怎么看他们呀？"学习委员忧心地说。

    ……

    听着大家七嘴八舌地发表意见，我没有说话，静静地观察小李、小阳、小张三名同学的反应。我第一次从这些桀骜不驯的少年眼中看到了惶恐、不安和难过。

    "小阳，你有什么想法？"我看着小阳问。

    "我不想受学校处分，可是一切都晚了。"小阳一脸懊恼地回答。

    "不晚，只要你们知错就改，我们大家会一起想办法帮助你们。"我转向其他同学，"大家愿意一起想办法帮助他们吗？"

    "愿意！"响亮的应答声之后，我察觉到了小李、小阳、小张同学眼中闪耀出的希望。

接下来是怎样解决问题。怎么帮助他们呢？"我们一起去求德育处主任不要处分他们。"小丽建议。我轻轻摇了摇头。国有国法，校有校规，焉能随意改变学校的决定。

"那就请大家监督我们，我们保证以后好好学习，遵守课堂纪律，尊重老师，行吗？"小李、小阳和小张纷纷表态。

看着班级同学对这次处分事件的反应，我答应同学们会和德育处领导沟通，寻求最好的解决办法。

第二天，我和学校的德育处主任就此次处分事件深入研讨后达成了一致意见，考虑到这几名同学刚升上初一，在全校公开处分惩戒他们可能会导致他们"破罐子破摔"，最后的处理是，由我作为担保人向学校递交暂缓执行口头警告处分的申请，给予三名同学一年的考察期。若他们改进良好，学校就取消处分。

当我把学校的这个决定告诉全班同学时，我听到了开心的欢呼声。

我们开展了第二次班会，主题是如何帮助犯错的小李、小阳、小张同学改进。我把全班同学分成四个小组，各小组分组开会讨论。小李、小阳、小张三名同学一组，就个人的具体问题讨论出改进的方案。其他三个小组则讨论如何帮助这三名同学进步，头脑风暴出尽可能多的办法。让我惊喜的是，各小组呈交上来的方案中有很多具体可行的好办法。例如：纪律委员带领三名同学重新学习班级课堂公约，明确课堂学习行为规范，了解孰可为孰不可为；安排较自律的同学做他们的同桌，帮助提醒督促他们遵守课堂纪律，每天一小结汇报给纪律委员记录；三名同学各有所长，可以利用个人特长参加比赛，为班级和学校争光……

讨论会后，我和小李、小阳、小张三名同学聊了很久。我发现，在他们的眼神中，少了原先的敌意和距离感，多了信任和亲近感。我知道，在纠正他们的行为之前，我必须先和他们建立情感连接。

接下来的日子，小李、小阳、小张开始了学习改进的旅程，班级同学

也热心投入到帮助他们改进不良行为、争取进步的行动中。我欣喜地看到了小李、小阳、小张的改变，他们的规则意识和责任意识慢慢增强，课堂违纪行为慢慢减少，甚至还能在制订自习课班级公约时提出很好的建议。爱运动的小阳担任了体育委员，还组织了班级的篮球比赛；有绘画特长的小李参加了广州市的绘画比赛，作品在地铁宣传海报中展出；学习能力较强的小张转变了上课态度，期末考成绩跃居班级前列。

一年后，由于小李、小阳、小张三名同学纪律表现和学习表现进步明显，个人面貌有很大改善，学校最终撤销了对他们的处分。事情得到了妥善解决，还取得了较好的教育效果。

这个案例让我深有感触。在基础教育学校，面对那些严重违规违纪屡教不改者，一定程度上的"惩戒"教育是需要的，但"惩戒"不是目的，教育的目的是激发和引导未成年人自我发展。它需要基础教育工作者运用智慧来管教，当"惩戒"教育带上正面教育的温度，教育工作者始终保持和善而坚定，关注问题的解决，那么，受教育者就既能感受到教育者和善的力量，也能体会到规则面前不可逾越的坚定意志，从而用心去反思，努力去改进，逐步增强规则意识和责任意识，促进自我向良性发展。

姓　　名：庄秀霞　　　　单　　位：广州市天河区汇景实验学校

# 读懂孩子 "冰山之下" 的需求

**行为关键词：**违纪

**运用正面教育理念：**

1. 冰山理论。

2. 关注问题的解决，而非让孩子付出代价。

**运用正面教育工具：**

1. 提启发性问题，让孩子寻求解决办法。

2. 积极的暂停。

行为描述

    青春期的孩子对世界充满好奇，热衷于冒险，独立性增强，想要摆脱规则的束缚。十几岁的孩子主要通过大脑边缘系统，即所谓的 "原始脑" 处理情感和做出决定。这是他们比较冲动、易激动、易冒险的部分原因。在强烈的好奇心的驱使下，他们可能会突破规则，做出一些出格的行为，甚至违反校规校纪。

    好奇心和探索欲本身是宝贵的品质，作为班主任，帮助处于青春期的孩子认识自己的感受，全面考虑问题，把握行为的边界，将孩子的好奇心和探索欲向积极的方向引导，至关重要。

情景案例

"我错了！上周我贴了学校五楼的摄像头，现在被抓到了，反思错误有三：一、上楼时穿着班服。二、贴摄像头用的纸不够大。三、纸上留下了指纹。"白纸上赫然罗列的三大"错误"瞬间点燃了我的熊熊怒火，这哪里是反省？分明就是挑衅！看着他一脸委屈和不服气的表情，我感觉到自己内心的小火山就要喷发。但理智告诉我，要马上暂停，离开现场。

于是，我决定积极暂停，等双方平静下来再解决。"请你先回班，我想我们俩都需要冷静一下，晚点再谈吧！"我强压怒火回到了办公室。

这个把我气到语塞的学生人称"棍哥"，他的手里经常莫名其妙出现各种棍子，性格冲动，入学以来，屡屡违反校规。我回到办公室，像个逃兵一样，垂头丧气瘫在座位上，烦躁不堪。我努力调整呼吸，让自己静下来。只有先处理好情绪，才有可能解决好问题。

平静下来之后我细细思考，想起了"冰山理论"，我们能看到的现象就像冰山位于水面之上的部分，是学生的行为。而隐藏在水面之下的，是感觉、信念、归属感和价值感。或许，在处理问题之前，我应该先看看"冰山下面的世界"。于是，我决定尝试用启发式

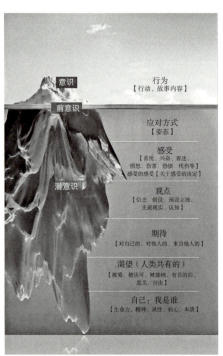

**冰山理论**

问题，探索一下他的内心世界。

　　我默默观察，到了下午，发现他也处于平静状态之后，我把他请过来。我再次拿起他的反思书，微笑着对他说："照你反思里写的，应该这样改正错误：一、不能穿班服。二、下次用大一点的纸。三、戴手套以避免留下指纹。"

　　他脸涨得通红："不，不是这样的！"

　　他局促的样子甚至有些可爱，我忍不住笑了起来。"开玩笑的，不过，我真的很好奇，你当时想要做什么？为什么会去贴摄像头？你愿意告诉我吗？"

　　看到我笑容真挚，态度真诚，于是他坦诚交代。原来五楼处有一道铁门，他很想突破铁门看看后面是什么，多次尝试都没成功，害怕学校发现，就把摄像头贴了。至此，我明白了，真是好奇害死猫，他只关注到了个人的需求而忽视了规则。

　　于是我因势利导，问他："你当时的感受如何？"

　　他回忆说："既害怕，又抱有侥幸心理。害怕被学校发现，又祈祷着能蒙混过关，心里很忐忑。"

　　我说："想必那滋味不好受。"他点点头，抬头看了我一下，我仿佛从他眼睛里看到了被理解的一丝感动。

　　我继续问："觉得害怕，说明你内心觉得这件事做得不对，那你想过贴摄像头可能会给学校带来什么具体的影响吗？"

　　他摇头。

　　我说："没关系，那你现在想想。"他沉默了一会儿，真诚地说："不知道。"

　　我接着问："那你觉得为什么要安装摄像头呢？"他不假思索地说："出了事可以找到'嫌疑人'。"我点了点头："那你把它贴住了会怎样？"他恍然大悟："那我破坏了学校的安保系统，真的有坏事发生就抓

不到坏人了。"显然，他已经明白了自己行为的不妥之处。

"那你现在还好奇铁门后面是什么吗？"他略带遗憾地说："是的，但是我不会再去贴摄像头了。"

"你知道吗？其实在初中学习中，你就能找到不突破铁门而知道门后面是什么的办法哦！你愿意带着好奇去寻找吗？"

他两眼放光："老师，真的吗？"

"老实人不打诳语。"

他满意地离开了，看着他的背影，我刚才的愤怒已烟消云散。之后，他成为生物科代表，有了大展身手的机会，对班级的归属感越来越强。校运会上，他永远是挥班旗最积极的一个。虽然同学们仍然习惯于叫他"棍哥"，但已经很少看到他再拿棍子了。之后，他也做出过几次"出格"的事情，不过，我不再愤怒，因为我愿意做个"潜水员"，先去看看"冰山之下"是什么。因为了解，所以懂得，因为懂得，所以尊重，因为尊重，所以成就。

自我反思

错误是学习的机会，理性对待学生的不良行为，有助于促进学生的进步和成长。对于处于青春期的孩子来说，遇到问题一味地"压"无法达到教育目的，只有了解孩子的不良行为背后的动机，觉察学生的内在信念，挖掘学生负面情绪中的正能量，才能走进孩子的内心世界。通过启发式的问题，让孩子自己对自己的行为有所觉察，并且最终专注于问题的解决。

这个孩子因为自己的好奇差点给学校带来大麻烦，却也因为好奇才会在地理、物理、化学、生物、科学等领域深入探索，在初中阶段获得了地理科普知识竞赛、中小学生科技创客大赛等不少省级或市级大赛奖项，为学校争光。

回望这个案例，非常感谢正面教育，感谢当时的自己选择了正确的方式解决问题。如果当时没有去深究原因，而是按照规定直接给予处分，又会是怎样的结果？这个孩子是否还能保有如此强烈的探索精神？

## 作 者 信 息

姓 名：刘燕 单 位：广州市天河区汇景实验学校

## 迟到将会是我的过去式

**行为关键词：** 迟到

**运用正面教育理念：** 关注问题的解决，而非让孩子付出代价。

**运用正面教育工具：** 赢得孩子合作的四个步骤。

行为描述

初中的孩子们进入青春期，出现了诸多不同于以往的特点。他们思维的独立性和批判性显著发展，不满足于简单的说教和现成结论，容易固执和偏激。

初一学生还面临着对新环境的不适应。大部分学生对于新建的班级有较强的集体荣誉感，但个别学生屡次迟到，导致班级经常与"文明班"失之交臂，同学们开始不满，认为迟到的同学"拖后腿"。如何帮助经常迟到的学生改变习惯，让班级凝聚，守护班级的荣誉？作为班主任，需要做积极的引导者。

"叮铃铃，叮铃铃……"上课铃声响起来了。班里面第四组的第二个位置跟往常的早晨一样，又空了。

"咦，第四组的第二个位置是哪位同学的？是生病请假了吗？"与同学们寒暄过后，我问道。

"老师，小黄肯定又睡过头了，迟到了。"一个男生大声说。

"唉，我们班这个月的'文明班'肯定又因为她泡汤了。""可不是嘛！我们班上个月就是因为她迟到太多，拿不到'文明班'的。"大家开始七嘴八舌地抱怨起来。"那么我们每个人都按时上学有什么用呢？最后还是扣分了。"

这时候，小黄背着书包气喘吁吁地跑到教室门口。

"唉……"班里的同学不约而同地发出了叹息的声音。小黄同学也似乎觉察到同学对她迟到的失望和不满。

我先把这件事放一放，让小黄进来课室把课顺利上完。下课后，我让她到办公室聊一聊，想通过帮助她来重振班级的士气，让班里凝成一股力量，把"文明班"的荣誉赢回来。

之前，班里面的同学有在日记里跟老师提出过小黄经常迟到的问题，建议老师"适当地给她惩罚，让她长记性"。但是，我想起了正面教育的基本理念之一："关注问题的解决，而非让孩子付出代价。"小黄来到办公室后，我让她坐下来，她似乎已经知道我找她的原因了。她的眼神有点闪躲，知道自己的迟到拖累了班级，同学们很不满。她的眼眶有点湿润。

如何能够真正触动她，帮助她改变呢？这时候，我的脑海里出现了正面教育的工具：赢得孩子合作的四个步骤。

要处理问题先处理情绪，想要赢得孩子的合作，要表达对孩子的同情（同理心），表达对孩子感受的理解，让孩子知道老师是站在他那一边的，是爱他的，拉近和孩子之间的距离。我说："小黄，我知道你迟到进班的时候，同学们异样的眼光和失望的叹气声让你很不开心，我理解你的心情。"

小黄听到我没有批评她，抬起头真诚地看着我，说："我知道他们都很失望，可是我也没有办法啊。"

接下来我说："你积极参加运动会，为班争光，我相信你也是很看重班级荣誉的孩子，对吗？所以，因为迟到而让班级丢失荣誉，你内心应该也是很难过的，对吗？"

对于老师的话，小黄没有预料到，她的泪水夺眶而出。

接着我告诉孩子老师此时的真实感受，老师的感受也很重要。我说："我相信你不是故意迟到的。对于你经常迟到而让班级同学误会你不爱班集体，作为班主任，我很难过。另外，你知道我们班小米的家住哪里吗？"

这时候，小黄面带疑惑地听着。

"他住佛山，每天早上为了不迟到，6点出门坐上第一班地铁。他坚持的理由之一是他爱这个班，他在乎这个班的荣誉。但现在我们却不能通过集体的努力把这个荣誉赢回来，作为班主任，对于孩子做了努力而愿望落空，我也失望难过。"

小黄不好意思地低下了头，说："因为我爸爸妈妈平时经常出差，我跟爷爷奶奶住，他们有时候看我没睡醒，心疼我就让我多睡一会儿，我就迟到了。老师，我不知道有同学住那么远都能坚持。我想，我以后不会再让他们失望了。迟到将会成为我的过去式！"

听到孩子的话，我松了一口气，接下来就是和孩子共同寻找解决问题的办法，而不是让孩子付出代价。我说："我相信你一定不会再迟到的，以后你打算怎么做呢？"

黄同学想了一下，说："我打算今天放学在家楼下的超市买三个闹钟，我让每个闹钟间隔五分钟响一次，保证能叫醒我。"

我给她竖了大拇指，点点头说："嗯，这个办法不错，那你需要跟爷爷奶奶或者同班同学一起做点什么来改善现在这个状况吗？"

黄同学抹干了眼泪，坚定地说："我打算一会儿课前跟全班同学道歉，因为我迟到而让大家失望了，我也会告诉他们我的计划，希望大家监督我一起努力，争取下个月把'文明班'赢回来，我相信我们可以的！"

我又给她竖起大拇指，说："好，我相信我们都会支持你的，我们是团结有爱的一家人。"黄同学又说："我放学回家也会跟爷爷奶奶说，他们听到我的闹钟响也要督促我起床，不能再纵容我了。"我说："你想得真周到。"

我松了一口气，事情得到了基本的解决。第二节课前，黄同学鼓起勇气站到班级讲台前，诚挚地道歉并深深地鞠了一躬。

"叮铃铃，叮铃铃……"第二天早上上课铃声响起来了。

"上课！"

"起立！"

"报告老师，今天全齐！"班长响亮地报告。

这时候，全班的目光投向第四组的第二个位置。班长话音刚落，课室里响起了雷鸣般的掌声。

自我反思

让孩子自己解决问题，比老师生硬地说教更管用。案例中的事件是班级中经常会发生的事情。但是老师并没有简单地说教或

通过惩罚的方式让学生因为害怕而不得不改正自己的缺点。老师自觉运用正面教育的工具——解决问题的四个步骤，表达对孩子的理解，引导孩子反思行为，不仅让当事者主动选择解决问题的方法，有效地改正当事人的行为，而且让全班同学协同互助，凝聚力量，让积极向上的种子植根于每个孩子的心中。

姓　　名：谭少燕　　单　　位：广州市第一一三中学陶育实验学校

第五章

家校共育

# 爱让"冰山"融化

**行为关键词：** 亲子关系紧张

**运用正面教育理念：**

1. 确保把爱的讯息传递给孩子。

2. 孩子的首要目的是追求价值感和归属感。

**运用正面教育工具：**

1. 认同感受。

2. 特别时光。

3. 给予关注。

4. 鼓励。

行为描述

　　父母与孩子的关系决定着家庭的氛围，关系着孩子的心理健康状况。正面教育告诉我们：孩子不当行为（如青春期的孩子"沉迷网游""厌学"）的背后是在寻求价值感和归属感。在多子女家庭中，多数父母由于时间、精力有限等原因，倾向照顾年龄小的孩子而忽略大孩子；同时，对大孩子寄予不符合其年龄的期望，从而让孩子感受到压力而非爱。帮助父母理解孩子不当行为背后的原因、帮助孩子摆脱困境，教师责无旁贷。

情景案例

　　2020年3月，初一下学期网课1个月，小楠已经多次旷课，即使上课了，也是多次缺交作业。我纳闷了，网课前她不是这样的。小楠学习基础不好，课上虽不专注，但她会尽力完成作业，缺交作业也会及时补上。我与她妈妈联系才得知，她妈妈因疫情被隔离在湖北，她一人寄住在广州亲戚家过春节，上网课。

　　网课即将结束，小楠妈妈与我联系："老师，学校有心理咨询师吗？我感觉孩子心理有问题。她小学挺乖巧的，但她现在很叛逆，动不动就发脾气。网课后，她还沉迷网游，唉！真是拿她没办法。"

　　复课后，小楠准时来上学，作业也上交了。但好景不长，一个月后的一天，小楠突然不来上学了。我前往家访，她把自己锁在房间不愿与我见面。

　　在她家里，我了解到小楠不幸的家庭境况：父亲在她小学高年级时因病去世，比她小六岁的弟弟两岁时被诊断出严重自闭症。妈妈又忙于工作，对她关注很少，两个孩子主要托付给外公外婆照顾。

　　有一天，小楠突然来校了。我感到欣喜！她在校和同学课间聊天时，状态比较好。我抓住机会与她攀谈，鼓励她以后坚持到校，这样才可以进行她喜欢的体育锻炼。这时，她突然沉下脸来，语气冷淡地说道："我不喜欢体育了！"

　　我惊讶，网课前她是如此热爱体育！

　　"我以前喜欢体育！但是，我现在讨厌体育了！我错过了！"我看到她失落的神情。

　　我说："听得出你很伤心！"

小楠继续倾诉："我小学时很想去读体校，但是外公外婆非常反对，他们认为女孩子读体育没有出路。于是，我妈也不让我去了。他们都不喜欢我，凡事只想着弟弟。他们一直要我让着弟弟，从不关心我！……"

她越说越激动："我讨厌全家人，最讨厌我妈！他们最好不要管我，让我自生自灭！"我感受到她语气中的绝望。我终于了解了孩子的真实想法！

我向小楠妈妈反馈了孩子的想法，妈妈极为震惊！她想不到一直以来家庭给孩子造成如此大的伤害！

小楠仅仅是因为沉迷网游而不想返校吗？不是的！这是一个自我感觉极度缺乏家庭关注、感受不到爱的孩子。她本想从热爱的体育特长中找到归属感与价值感，但这个愿望也被剥夺了。初一上学期她学习基础不好，但体育成绩优秀，这一定程度上弥补了因缺少家庭关注带来的自卑感。然而，疫情期间与妈妈两地相隔，童年记忆中长期"被忽视"而产生的强烈自卑感，加上网课期间缺乏体育锻炼而失去成就感，使她变成了"冰山"。

冰冻三尺，非一日之寒啊！初二整个学年，小楠的状态反复无常。她偶尔会返校，但又会很长一段时间待在家里打网游。为了让家长学会理解孩子，学习与青春期孩子沟通的合适方式，我鼓励小楠妈妈通过读书学习新教育理念，建议她利用好孩子在家的时间，为小楠安排特别时光，用心陪伴孩子。妈妈努力改变，给孩子安排特别时光——每天晚上必定抽出时间专门带小楠去附近公园散步；假期带她去看电影，外出旅游。

在小楠不愿回归学校的日子里，我每周与家长保持密切联系，了解孩子在家状况，鼓励家长坚持用爱去感化孩子；给予家长的努力改变以鼓励："接纳孩子，理解孩子的处境，多陪伴，多倾听，孩子肯定会慢慢改变的。"是的，妈妈做到了！小楠在家的日子里，休息时间是日夜颠倒的，每天晚上看电视到两三点才睡觉，妈妈始终坚持在一旁陪伴。

转变终于到来，初三开学第一天小楠准时来校！

一周、两周、三周她坚持下来了！

我不断地鼓励她尽力完成力所能及的作业。我对她说："我注意到你英语课上课很认真，也有尽力按要求抄写单词呢！"我发现她每次做值日都很认真，就对她说："你做值日很细心、很负责，谢谢你对班级环境的付出！"有一次她因忘记值日提前走了，大家值日完她才匆忙赶回来，紧张地解释："不好意思！我忘记值日了，下次我自己做值日。"在初三第一次年级表彰会上，我特意推荐她为班级"劳动之星"！

初三上学期，虽然她偶尔还会因情绪不稳定而请假，但整个学期基本坚持了下来！

初二一年的不规律生活使她的体质明显下降，体育运动不再是她的强项，但她又热爱跑步了，初三开始她每晚都会坚持去附近公园跑步。中考体育800米长跑项目，她取得满分的好成绩。两年文化科学习的耽误，以她的基础是很难取得好成绩的，但她依然选择直面中考。化学实验考试前，我耐心指导她练习四个化学实验操作，她用心地练习了几次，实验操作考试也取得了满分。

小楠与妈妈的关系明显改善了。有一次我在班中提到一位家长因紧张孩子的学习，差点被骗取近2万元的补课费时，提醒同学们回家告诉家长要警惕类似事件。下课后，她紧张地问我："那个受骗的家长是我妈吗？"当听到我否定的答案时，她长舒了一口气。

她的改变来自哪里？我想肯定来自妈妈这两年来给予小楠的特别的关注及用心的陪伴、鼓励。爱终于使"冰山"由内核开始融化！

自我反思

　　孩子不当行为背后是在寻求价值感与归属感，如果我们与他们建立良好的关系，深入理解他们的境况，接纳他们的情绪，积极探索其背后的本质原因，就有可能找到解决问题的方法，从而帮助他们纠正不当行为，摆脱困境。同时，我们还需帮助孩子的父母学习新教育理念，帮助他们发现、理解孩子不当行为背后的原因，鼓励他们为孩子做出改变，给予孩子特别的关注，发现孩子的闪光点加以鼓励并耐心等待，孩子终有一天会发生巨大的改变！

作 者 信 息

姓　　名：林静芬　　　　　　单　　位：广州市骏景中学

# 打开心灵的钥匙

**行为关键词：** 亲子关系紧张

**运用正面教育理念：**

1. 孩子的首要目的是追求归属感和价值感。

2. 要确保把爱的讯息传递给孩子。

3. 孩子感觉好的时候，表现才会好。

**运用正面教育工具：**

1. 倾听和信任。

2. 积极的暂停。

3. 从错误中恢复关系的"四R"。

4. "我"句式。

行为描述

　　班级调查发现，有接近百分之四十的同学不愿意与家人交流，因为他们觉得父母不理解自己，他们从父母那里听不到想听的话语，慢慢地就不想交流了。在与家长沟通的过程中，常听到类似的反馈：孩子不愿意在家谈学校的事情，特别是学习，喜欢关着门，有时说他几句就发脾气，没

办法沟通。事实上，这是很多处于青春期的孩子与其父母之间都存在的问题。他们常因一两句话就陷入僵局，要么沉默以对，要么态度恶劣，问题没解决反而又新增烦恼。问题的症结归根到底就是无效沟通。

情景案例

初三开学初，学校允许离家较远的同学申请住校，很多同学都想体验一下住校生活。我建议他们和父母好好商量一下，征求一下父母的意见，因为住校是需要家长同意的。很快就有家长打电话来求助，希望老师能出面说服孩子不要住校。

小李同学的家长就是其中之一，她担心孩子在学校住不习惯，担心孩子不自律，耽误学习。我从家长的语气中听出她对孩子的不信任，所以决定先和孩子聊一聊。

找到小李时，他情绪低落，我决定先认真倾听他的想法。他无可奈何地告诉我："妈妈不同意我住校，她说我会只顾玩耽误学习，还提起一堆往事来数落我，我不想和她争辩，但我真的很想住校。"我问他："你为什么想住校？"他认真地说："住校的话，放学后我可以去锻炼，去操场跑步，和同学一起打球，晚自习的时候可以安静做作业，虽然有时候确实不够专心，但有老师看着，还有其他同学一起，有学习的氛围。而且住校睡觉、起床时间固定，作息规律，我也想改变一下。"听到他条理清晰地讲述原因，看到他坚定的态度，我告诉小李："我相信你可以做到。回家后心平气和地与家长再沟通一下，用我们学过的'我句式'表达自己的感受，告诉他们当他们否认你的决定时，你会感到很失落，你希望他们能信任你一次，看你的表现。如果沟通过程中，双方情绪激动，就要积极暂停，找一个地方让心情好起来。"他点点头。

　　和孩子聊过后，我决定提前和家长再沟通一下。我把孩子列出的原因说给家长听。家长最开始还是坚持原有的态度，我把自己的想法分享给家长，既然孩子都坚持一定要住校，并保证自己可以处理好可能面对的问题，不妨放手让他试试，看看表现如何。但同时也要让孩子保证一定遵守住校的规章制度，学习要自觉自律，如果出现问题，马上申请退宿。我补充道，自己作为一位母亲理解家长对孩子的担心，希望他们过得好，但有时却不能把这种爱的讯息传递给孩子，所以我们不妨先尊重孩子的决定并给予他们机会去尝试，如果后续真的出现问题，也可以及时去解决。当我们对孩子表达信任时，孩子会发展出对生活的勇气和对自己的信任。现在事情还没做就打击孩子的积极性，表现出对他的不信任，这对孩子自信心的建立也是不利的。此外，如果双方情绪不稳定，不但解决不了问题，还会破坏亲子关系，我们要认真倾听孩子内心的想法，孩子也想从家长这里得到认可。最后，家长在我的建议下，同意让孩子先住宿试试。

　　接下来的日子里，我也关注了小李同学住校的情况。他非常适应住宿生活，每天作息时间很规律，有更多的时间去锻炼和学习。宿管老师反映他的表现也不错。但突然有一天，家长给我打电话，说孩子周末回家总是玩手机，问他做完作业没有，也是很不耐烦，不知道在学校的学习情况如何。我先安慰家长，并告诉家长等孩子回校，我了解情况后再回复她。

　　周一小李回校后，我发现周末布置的听说作业他未完成，就找他了解情况。我问："小李，为什么周末没有做听说练习呢？"小李小声地说："我忘记了……"我接着问："周末其他作业有完成吗？"他说："基本都做完了，但有些不会的就留着没做。"我没有直接告诉他家长已经向我投诉了，而是转移话题问他："初三了，有没有立下学习目标和计划？"他坚定地点头说："有！"我继续问："有没有执行计划呢？"他惭愧地低下了头说："没有。"我问："周末你会把自己在校的学习情况与父母分享吗？"他摇摇头不说话。我耐心地告诉他："对于初三的父母来说，

他们的压力和焦虑是很大的，如果你不说，他们心里没有底，只能从你在家的状态来判断，如果你在家专注于学习，家长心里会觉得你是在努力的，反之，如果你在做与学习无关的事，他们就会误以为你总想着玩，没有好好学习，在校也一样。所以，你要主动把你的目标、计划和安排与家长分享。"他点点头，说："周末，我又和我妈吵架了，因为手机的问题。"我很开心他能坦诚地告诉我这件事，我拍拍他的肩膀说："其实，你可以直接告诉他们你一周没有看手机了，想玩会儿手机再学习，相信家长是可以理解的。等周末回家，先向父母承认错误，对于自己不礼貌的言行要主动道歉，要勇敢地承担责任并专注于解决问题。和父母好好沟通一下，先主动汇报一下在校的学习情况，然后一起制订一份在家的学习计划，包括休闲娱乐的时间。我相信你一定可以让父母看到你的变化和进步的，加油！"我让他把班会课上学的"从错误中恢复关系的'四R'"再一次运用起来。

周六晚上，小李的家长打来电话，很开心地告诉我，这周孩子回家能主动地和他们聊天，还自己定了玩手机的时间并让家长提醒他。听到这里，我也很欣慰，我与小李的那次谈话是有效果的。回校后，我又再次找他聊天，肯定他的主动和进步，也告诉了家长对他的肯定，他很开心并保证会继续努力。

自我反思

　　沟通是双方的，有时孩子对待家长的态度也是源于家长对孩子的反应。小孩子都喜欢喋喋不休地表达，当他发现父母对自己说的话不感兴趣，甚至表现出不耐烦或想岔开话题时，他也会慢慢失去表达的欲望。当问题出现时，我们可以疏导孩子，帮助孩子找到问题所在，并教给他们一些解决的方法，同时也需要家长积极地配合。当心向一处、专注于问题本身时，很多问题都可以迎刃而解。不是每个人都懂得察言观色，也不是每个人都懂得揣摩别人的心理，只有把内心的需求、想法表达出来，才能真正地解决问题。有效的沟通才是打开心灵的那把钥匙。

作 者 信 息

姓　　名：毛静　　　　　　　　　　　　　　单　　位：广州中学

# 一"网"情深

**行为关键词：**沉迷手机

**运用正面教育理念：**纠正行为之前先建立连接。

**运用正面教育工具：**赢得孩子合作的四个步骤。

行为描述

　　在现实社会中，孩子沉迷网络的情况并不少见，尤其是像性格比较孤僻内向的孩子，更容易一"网"情深。他们对网络交流所表现出的积极性比在现实生活的人际交往要主动得多，甚至有因沉迷于网络交往而以网络人际关系取代现实人际关系的趋势。如何帮助孩子更科学合理地使用网络而不沉溺于网络，教师需要付出艰辛和持久的努力。

"老师，我一直叫她都不肯起床，我真的拿她没办法啊！"

"老师，我一说要收她手机她就在家里跟我大吵大闹。你帮帮我吧，她最信任您了！她最听您的话了！"

电话那边，又传来了雯雯妈妈无能为力、接近绝望的声音。这是半个月以来我给雯雯妈妈打的第三通电话。是的，雯雯又不来上学了，晚上熬夜刷手机，大概凌晨4点才睡，白天起不来。

雯雯是个成绩中等，性格内向、不爱说话亦不善交际的孩子。上网课期间雯雯用妈妈给她买来的手机在网上学习，看了一段时间后，她觉得无趣，便开始浏览网页论坛，发现网上的世界如此丰富多彩，在网上跟别人交流也不会羞怯，可以自在地畅所欲言。慢慢地，雯雯开始沉迷于网络无法自拔，经常偷偷上网到凌晨4点才睡觉，因此早上就起不来，不肯上学。

在上完第二节数学课我准备出教室的时候，已经九点半了，刚好与背着书包匆匆跑进来的雯雯撞个满怀。她脸上涨得通红，双唇抿得紧紧的，支支吾吾地喊了我一声："陈老师。"同学们也在里面叽叽喳喳小声讨论，有个平时爱捉弄她的男生还故意大声说了句："哎哟，才上学啊，哈哈哈哈！真了不得！"其他几个调皮男生也跟着瞎起哄，而雯雯的脸上更是憋得通红。

我轻轻拍了拍雯雯的肩膀，牵着她的手离开了课室，她没有甩开我的手，我感觉这是好的开始。批评解决不了问题，此刻我想起了正面教育的基本理念："纠正之前先连接，关注问题的解决，而非让孩子付出代价。"来到办公室，我让雯雯坐下来，她显得手足无措，眼睛看着窗外，

抿着嘴唇，满脸愧疚的样子。如果我马上批评她，以她的性格可能明天更加不肯来上学，我得想另外的办法。这时我的脑海里浮现正面教育的一个工具：赢得孩子合作的四个步骤。

要处理问题先处理情绪，纠正之前先连接，首先要表达对孩子的关心。

"雯雯，还没吃早餐吧？"

"没……"雯雯怯怯地说。

看着雯雯脸上的黑眼圈、毫无血色的嘴唇，我把办公桌上的面包递给她。

她连忙摆摆手，说道："老师，我不饿。"

"没事，你还是吃了吧，一会还得跑操，没吃早餐可没力气跑，再说，早餐不规律也容易得胃病，你吃吧，我今天刚好有多的早餐。"

雯雯迟疑地接过面包，神情略微放松了一些，没那么拘谨了。雯雯看到我没有批评她，还给了她早餐，戒备心放下了一点，红着眼圈说："老师，对不起，我又迟到了。"然后就把头埋下去了。

接下来想要赢得孩子的合作，要表达对孩子的同理心，让孩子知道老师是爱她的，是想帮她解决问题的。我说："你之前从不迟到的，也很喜欢上陈老师的数学课，今天还刚好讲到你的几何，这可是你的强项呢！我相信你并不是真的想迟到，但是回家一碰网络就控制不住自己熬夜，是吗？"

"是的。"雯雯苦恼地点了点头。

"老师，我在学校没什么朋友，也融入不了他们。面对同学，我感觉紧张。但是在网络上，我觉得我自己自在很多，放松很多。"雯雯支支吾吾地说道。

"那你愿意让陈老师做你的第一个朋友吗？"我微笑地看着她，轻轻地拉着她的手。

雯雯终于放松了些。接着要告诉孩子老师此时的真实感受，老师的感受也很重要。

"看着你大大的眼睛没有往常那么炯炯有神，因为熬夜成了迷离的熊猫眼，陈老师很心疼，我很想看到往日你上课时渴望知识的眼神。你需要陈老师怎样帮助你呢？"

"陈老师，要不您收了我的手机，就像您上次说的，周一到周五我交给您，周末您给回我。"雯雯低下了头，双手拽着衣服角小声说着，从她的语气中可以感觉到她的这个决定是下了好一番的决心、忍痛割爱的感觉。

"看你决心这么大，陈老师肯定百分百支持你呀，做你的后盾！"

接下来应该和孩子共同寻找解决问题的办法，而不是让孩子付出代价。接下来的一个学期，我们都严格遵守我们的手机约定。同时我有意识地帮助雯雯改善在班上的人际交往状况，鼓励雯雯循序渐进地学会主动表达，从跟我说话开始，鼓励雯雯从观察、表达自己的微小情绪或想法开始。

同时我给予雯雯足够的关注和理解。我利用数学课关注、鼓励和赞赏雯雯的每一点进步，对其遇到的困惑以不批判的态度去感同身受。我知道雯雯毽子踢得还不错，于是叫上几个比较开朗的学生课间休息的时候一起踢毽子，还特地跟雯雯说："你要监督陈老师，陈老师运动太少了，需要增强体魄。"雯雯笑着答应了我，她仿佛有一个很重大的任务，每天风雨无阻"督促"我去踢一次毽子。通过踢毽子，雯雯跟一起踢毽子的同学有了共同话题，也在不断提升自信。

渐渐地，雯雯在学校找到了朋友，对手机没那么依赖了。临近期末考试的一个月，她还主动跟我提出，让我连续帮她保管手机一个月，这样她就可以专心复习。不出所料，那次期末考试，雯雯考得很好。

自我反思

　　手机闯入学生的学习和生活中，有的学生以此作为学习辅助，但更多的学生沉迷其中难以自拔，并因此与家人发生矛盾。案例中老师并没有简单地说教，而是自觉运用正面教育的工具——纠正之前先连接，向孩子表达了对他无条件的爱，建立彼此尊重、信任的爱的关系，通过好的关系无形中化解孩子的行为问题。同时，运用解决问题的四个步骤，认同孩子的情绪，引导孩子反思行为，让当事者主动选择解决问题的方法。

作 者 信 息

姓　　名：陈漫　　　　　　　　　单　　位：广州市南国学校

# "危"与"机"

**行为关键词：** 手机管理

**运用正面教育理念：**

1. 关注问题的解决，而非让孩子付出代价。

2. 孩子感觉好的时候才会表现好。

3. 纠正行为之前先建立连接。

**运用正面教育工具：** 赢得孩子合作的四个步骤。

行为描述

　　当下，学生使用手机给学校管理和学生发展带来诸多不利影响。为保护学生视力，让学生在学校专心学习，防止沉迷网络和游戏，促进学生身心健康发展，相关部门印发了《教育部办公厅关于加强中小学生手机管理工作通知》（教基厅函〔2021〕3号）。通知要求中小学生原则上不得将个人手机带入校园。但是，依然会有学生偷偷将手机带入校园，甚至在学校玩手机。如何解决学生带手机进校园问题，考验着老师的智慧和决心。

今天是学生返校乘车准备去军训基地的日子，是我们班同学踏入中学后参加的第一个社会实践活动，也是第一次集体活动，同学间都还不熟悉。我早早地来到操场等待同学们到来，并安排一名同学负责考勤。同学们陆续到了，还剩两名同学没有到，我联系家长，其中一名同学在这个过程中回到了学校。现在就剩小竞没有来了。

学校规定的集队时间已经到了，有的班级学生到齐了，已经开始乘车出发了。我再次拨通了小竞妈妈的电话，得知小竞已经出发了，刚刚在家闹了情绪所以晚了，另外小竞还带了手机回来。在军训前，学校是多次强调，军训期间学生不能带手机，上学期间也不能带手机进校园，而且还给学生发了我们学校的《校园手机管理规定》，小竞依然把手机带回了学校。

我琢磨着这事应该怎么处理。想起学生第一次回校，小竞一套黑色衣服加一顶黑色帽子，让人看不到她的眼睛，整个打扮有点像男孩子，有点酷，还有拒人千里的感觉。在讲解注意事项的过程中，小竞拿出了手机，我提醒同学们学校规定学生不能带手机回学校，请同学们把手机放好。在我提醒之后，小竞仍然有一次忍不住拿出手机看。在自我介绍环节，小竞是唯一一个没有上去自我介绍的同学。她用坐着不动和不说话拒绝了我的邀请。从第一次见面我分析，小竞性格倔强，我不能跟她硬碰硬，她对老师存在戒备和抗拒心理。

在同学们的焦急等待中，小竞终于来了。我们班到齐了，但是我们还不能出发，我要先解决小竞手机的问题。于是我让负责考勤的同学去跟级长汇报我们班到齐了，我私下把小竞叫出来。

我先简单地询问她迟到的原因，然后直奔主题，好奇地问道："你妈妈说你带了手机过来，发生了什么事吗？"

　　倔强的小竞眼里含着泪水回答道："他们经常翻我房间抽屉，所以我今天就把手机带回来了，以免他们找到，为此今天早上跟他们吵了一架，就迟到了。"

　　小竞的反应让我很意外，那么"酷"的一个女孩子也会含着泪水，说明这件事确实让她很委屈。我尝试去共情，觉察她的感受："你感到没有受到尊重是吗？没有尊重你的隐私？"

　　小竞沉默，似乎有点被说中了。

　　我继续说道："我理解你，在你们这个阶段是很看重这点的，希望得到尊重。妈妈那样做确实不对。她应该尊重你的隐私，不能乱翻你的东西。这个问题以后我们一起商量怎么解决。那手机问题怎么解决呢？你愿意听听我的看法吗？"留给我的时间不是很多，学生很快就要乘车出发了，我得先解决手机问题。

　　小竞点了点头。

　　"在军训的过程中跟着你最多的是水杯，其他什么也不能带，手机只能放在宿舍里，基地人比较多，很杂，手机放在宿舍不安全。你觉得呢？"

　　小竞点点头。

　　"学校规定军训期间不能带手机。如果同学发现你带了手机，对你影响不好，同时也不利于班级后期的手机管理。你愿意相信我，把手机给我保管，军训后你再拿回去吗？"

　　小竞爽快地答应了。她的爽快让我很吃惊，同时也让我很欣喜。

　　为了避免抵触和对抗情绪，我给了小竞选择："你想现在把手机给我，还是到军事基地下车后给我？"

　　小竞选择了下车后。

上车前我私下跟她补充了一句，因为班上其他同学都没有带手机，所以不能让其他同学发现她带来手机，车上不要把手机拿出来。她点了点头。后面我发现我的提醒是没有必要的，因为她的手机一直放在箱子里，从来没有拿出来过。

下车了，我提醒她把手机给我，她说放箱子了。看着她小心地打开箱子拿手机，我知道我之前的担心都是多余的，她带手机过来，并不是想在军训期间玩手机，而是不想让家长拿走。

在军训的过程中，我有意识地关心小竞，用心观察她做得好的地方，及时鼓励。在晚上做军训小结时，我念了给小竞的鼓励小纸条："今天在宿舍我注意到你主动收拾宿舍剩余的垃圾，611宿舍在你的带领下，宿舍内务井然有序。你是一个有领导力和影响力的舍长。虽然今天上午你被点名了，但在上午的训练过程中，我注意到你有一次三分钟左右一点也没动，动作标准，另外，我发现你踏步也很标准。"在听的过程中小竞试图把自己藏起来，但脸上是挂着笑容的。我和她的关系也在慢慢发生变化，开始融洽。

军训完，我把手机第一时间还给她，并谢谢她遵守我们的约定。

经历了军训后，我跟小竞建立了良好的连接，遇到事情她愿意跟我沟通，不像第一次见面时拒人于千里之外。家长也反映，小竞上初中后学习积极性比小学高了很多，每天回来会按时完成作业。科任老师也反映小竞学习能力较强，上课认真。

自我反思

在初中阶段，手机管理是一个比较棘手的问题。如何处理学生带手机回校对老师来说是一个考验。案例中的手机问题能够得到顺利处理，在于老师能够共情，站在小竞的角度思考，共同寻找解决问题的方案，成功地处理了突发事件，并和小竞建立了良好的师生关系，转"危"为"机"。

对于有一些不良行为的孩子，初一到了一个新的环境，是一个新的起点，会有重新出发的愿望，如果老师能够把握机会，是一个很好的转机。在这个过程中，我们要多一点耐心，因为孩子的不良行为不可能一下子得到转变，需要过程，我们要接纳反复的过程。

作 者 信 息

姓　　名：林秀红　　　　　　　单　　位：广州奥林匹克中学

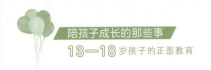
 # 从一扇坏了又修好的门说起

**行为关键词：**家庭矛盾

**运用正面教育理念：**"赢得"孩子，而不是"赢了"孩子。

**运用正面教育工具：**赢得孩子合作的四个步骤。

行为描述

初中阶段，孩子的身体发育超前于心理发育，有强烈的自主意识，使家长与孩子之间产生隔阂。家长和孩子之间可能存在沟通障碍、情绪管理能力不足等问题，多种因素导致亲子之间的矛盾越来越多。因此，教会孩子怎么处理问题以及把处理问题的理念传递给家长，让家长和老师通力合作，对于解决青春期孩子的行为问题尤为重要。

情景案例

　　周一的早读，空气中似乎掺杂着困倦的气息，我远远扫过去，小豪还是和以往一样，低着头，长长的刘海盖住了他的眼睛，躲避了我与他的眼神交流。可是，他拿语文书的手怎么缠着纱布呢？

　　我赶紧把小豪叫到课室外，想了解清楚周末发生了什么事。然而，小豪却把手藏到身后！

　　"和人打架了吗？"他摇头。"和父母闹矛盾了吗？"他低头不语。"你愿意和我分享一下吗？"他依然没动。"手还痛吗？"还是不动。

　　闷热的走道里，我俩就这样一个问，一个沉默。早读的结束，也给了我俩一个缓冲期。

　　我快步回到办公室，立刻给小豪妈妈打电话。到底是什么事情让小孩伤成这样呢？

　　长达30分钟的通话之后，我的心情愈发沉重！亲子之间的矛盾，家长暂时可以通过武力、威严赢了孩子，但以后呢？要"赢得"孩子，而不是"赢了"孩子！我赶紧让自己冷静下来，并思考要怎样帮助小豪。

　　处理问题要先处理情绪。课间操时，我把小豪带到了办公室。我轻轻拍拍小豪的肩膀，握着他的手，传递我对他的理解和安慰。

　　"我一直都知道你是一个很温暖有爱的孩子，这次会和家里人闹矛盾，背后一定有原因！看到你受伤，我很难过，也很心疼！你愿意让我做你的倾听者吗？让我帮助你吗？"

　　小豪听到我说的话，抬头默默看着我，开口说道："我想留在广州读书，我不想回去！"说完，一个男孩子就这样流下了眼泪。

　　我又一次拍了拍他的肩膀，说道："钟老师和你一样，希望你留在广

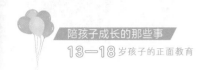
州读书，我们说好要一起走过最美的初中三年的。"

"我爸说我老是用平板，不学习，他把我平板砸了！他还不如不要回家了，回家就管着我。"小豪越说越激动了。

我连忙拍了拍他的肩膀，让他冷静下来。小豪又说道："我也很想努力的，他说我成绩不好，下个学期就让我回老家读书！可是我上课就好困，又听不懂。我晚上睡不着，我妈还在旁边念叨我，我觉得很烦躁，就把门锤烂了，我不想再听到我妈唠叨了。"小豪一边说还一边用手扯着自己的头发。

"我知道，我明白那种想努力又无能为力，身边还有人一直唠叨的烦躁。"看到小豪这种情况，我连忙握住他的手，表达出对小豪处境的同情，让小豪知道，我是站在小豪这边思考的，我能理解他的心情。

小豪抬眼看着我，红着眼睛，默默不语。这时候，我知道说出我的真实感受能让孩子更好地信任我，我才能帮助他。"我像你这么大的时候，我爸还和我说，我考不上公立高中就让我别上学了，我当时难过极了。我看到你今天的情况，很难过，很心疼，我很想帮助你！"

小豪听我说完，同情地看着我："原来老师当年也经历过同样的情形。"我看到小豪逐渐冷静下来之后，拿出了笔记本，和小豪分析矛盾发生的原因，以及帮助和引导小豪思考应该如何解决问题。

我快速列了一个表格，引导着小豪一点点分析原因。

看完我绘制的表格，小豪说："我爸把我平板砸了，还说要把我送回老家读书。"说这话时，小豪显得有点无力了。

"你希望留在广州吗？"

"我当然想啊，我所有朋友都在广州。"

"那你需要做些什么才能让你父母把你留在广州呢？"

"我要提高成绩，我要好好学习，可是我……"小豪又沉默了。

我把小豪从入学到初二的成绩拿出来，和他分析他的优劣势科目，商讨如何提升这些薄弱的科目，并且制订了针对薄弱科目的提升计划。小豪还签了名，说要带回去让妈妈也签名，做个见证。我还引导小豪做好一周学习计划，在日常的学习之后，每日完成自己的薄弱科目提升计划，老师和妈妈一起监督。

我又指了指小豪的手，小豪急着说道："我妈太唠叨了，老是说我这不好那不对，我太烦躁了才会锤门的！"

"你妈妈唠叨你的原因是什么呢？"我引导着小豪思考。"她老是拿我以前的错误出来说！我想她相信我，鼓励我！"小豪说着，脸也有点红了。

"现在手还痛吗？"小豪不好意思地把手又缩了回去。

"好，今天我们探讨的原因和解决方法，我们都记录下来了。接下来，我们就用行动去证明，可以吗？"小豪坚定地点了点头。

和小豪谈话结束之后，我也约谈了小豪的妈妈，给小豪妈妈看了我和小豪谈话的内容以及小豪自己制订的计划，并请妈妈在家里帮忙监督。同时我和小豪妈妈分享了正面教育的理念和工具。根据小豪的情况，我也推荐了正面教育里的"鼓励"工具，教会小豪妈妈如何使用，用鼓励替代唠叨。

在接下来的一个月里，我们鼓励小豪按计划进行。我看着他利用午休的时间找科任老师培优补差，看着他课间找同学、找老师问问题，看着他犯困就申请站着上课或者去洗把脸再上课……我把这些情况反馈给小豪妈妈，小豪妈妈也说小豪在家里的情况有了很大变化，最近关系缓和了很多，小豪还时不时给家里人展示他的厨艺呢！我心里感到一阵阵安慰。

在某个周末，小豪妈妈给我发了信息说，小豪自己买了维修工具，把那扇门修好了。

这才是"赢得"孩子啊！

自我反思

　　在处理小豪和父母矛盾这个事情上，我知道说教会引起孩子的烦躁和抗拒，因此让孩子自己去分析和解决问题，老师和家长从旁监督和鼓励。在这件事情中，从"我让小豪去做"变成"小豪想要去做"，是本次矛盾处理的关键。这也是正面教育中推崇的：在孩子做得好的时候，给予鼓励让他前进；当孩子松懈的时候，和善而坚定地让他按照自己制订的计划执行。

　　家庭矛盾，除了要做通孩子的工作，还要把正面教育的理念和工具传递给家长，让家长也愿意接纳并且能够在和孩子相处过程中运用这些理念和工具。家长和老师通力合作才能处理好矛盾。

作 者 信 息

姓　　名：钟燕华　　　　　　　单　　位：广州市南国学校

# 不变的爱

**行为关键词：**家庭矛盾

**运用正面教育理念：**

1. 纠正行为之前先建立连接。

2. 孩子的首要目的是追求归属感和价值感。

3. 要确保把爱的讯息传递给孩子。

**运用正面教育工具：**

1. 我信息①。

2. 反射性倾听。

3. 根据错误目的表找到孩子的心底信息。

4. 修复错误三部曲。

在日常生活中，每个家庭都或多或少地发生过争吵，有的家长经常在孩子面前争吵，丝毫不顾及孩子的感受。当前父母离异的现象越来越普遍，在父母吵架期间，孩子并不是置身事外的，甚至会试图介入，以缓解

---

① "我信息"：最早由托马斯·戈登博士创立，其构成要素由以下三个部分组成：对不可接纳行为的描述，父母的感受，这个行为对父母造成的实际影响。

父母之间的冲突。因此，父母关系不和睦，会对孩子产生深远而重大的影响。引导孩子正确看待父母离异，对孩子的健康成长至关重要。

清晨的教室，书声琅琅，而小林却一个人站在办公室门口。她手里拿着一片叶子，好像在思索什么。从她脸上的表情，我看出了她的迷茫与心神不宁。我轻轻地走上前，拍拍她的肩膀问："你还好吗？发生了什么事情？"此时，小林面无表情地把手上的叶子扔向楼下，当叶子慢慢地从空中飘落时，她说道："老师，我就像这一片没有人要的落叶。"我立刻紧紧地握住她的手告诉她："谁说没人要，老师会把你接在手心！可以告诉老师发生了什么事情吗？""不用管我，我是一个没人要的孩子。"她抛下这句话后一直沉默不语。我让小林先回教室并私下嘱咐班长要留意她的情况。看到小林这么失落与无助，我猜想他们家肯定发生了什么事情。我拨通了小林妈妈的电话。从小林妈妈的口中得知，他们夫妻俩一直感情不和，但是为了小林勉强维持着这段已经没有感情的婚姻，昨天晚上她与小林的父亲因为之前积压的一些事情大吵了一架并决定离婚……

当看到小林这样的举动时，我的脑海里呈现出了正面教育中的冰山图。作为教育者，我们不能只看到孩子表面的行为，更应该关注她行为背后的感觉、信念、归属感和价值感。于是，我开始去寻找小林行为背后的目的和信念。根据儿童行为背后的错误目的表，小林是在自暴自弃，但是其内心是在呼吁"不要放弃我，帮帮我"。

当天，我在作业登记本上给小林留言："好点了吗？老师现在很担心你，也很希望你能抽空来办公室找我聊聊。无论发生什么事情，老师永远会站在你身边！"第二天早上，小林来到了我的办公桌旁，我把她带到单独的房间，让她坐下来慢慢告诉我发生了什么事情。小林自述道："以前我一直觉得自己很幸福，父母都很爱我，但是前天晚上爸爸妈妈突然大吵一架并决定离婚，我很生气，因为他们一直在欺骗我。同时我很害怕父母离婚后不爱我了，我无法接受这样的事实……"我问："你感到很伤心、难过是因为你父母决定离婚，对吗？你希望有一个完整的家，对吗？而你感到很生气是因为父母一直隐瞒感情不和的事实，对吗？"小林听了点点头，然后低下头默默地流下了眼泪，我静静地等待然后轻轻拍拍她的肩膀说道："想哭就哭出来吧，老师理解你现在的心情。"等小林宣泄完情绪后，我接着跟小林讲述了以前的一位师姐和她一样面临父母离异，最后这位师姐调整心态，摆脱痛苦，化悲痛为力量，全身心投入学习，最后考上一个重点高中的故事。听完后，我能感受到她的情绪稍微缓和了一些。我鼓励她回去思考：为什么父母会一直隐瞒感情不和的事实？倘若父母离婚了，真的会不爱她了吗？

在整个事件中，小林认为父母离婚后就不爱自己的认知是小林产生如此消极情绪的根本原因，所以我采用合理情绪疗法来改变小林对父母离婚的不合理认识与信念，并且建立合理的认识与信念来改变其不良的情绪与行为。首先，我逐步引导小林领悟自己自暴自弃的行为的根本原因不在于父母离婚的诱发事件，而在于自己的认识和信念与现实不协调。其次，我通过启发式提问鼓励小林理性思考"父母之间的感情既然不和，为什么要一直隐瞒自己？父母倘若离婚了就真的不爱自己了吗？"，通过与小林探讨这些问题使其认识到自己不合理的认识与信念是不合逻辑的。最后，我帮助小林建立起如下合理的信念：父母对自己的爱与是否离婚无关，永远不会改变。父母之所以一直没有把感情不和的事实告诉小林正是对小林爱之深切，害怕伤害到小林。

小林心情失落的诱发事件是父母离婚的决定，由此可见小林的问题主要来源于家庭。我建议小林的父母从修复错误三部曲开始：（1）以负责

而不是指责的态度承认错误。（2）道歉，孩子是宽容大度的。（3）共同寻找相互尊重的解决方法，重新修复关系。在征得小林的同意后，我邀请她的父母来学校沟通。后来，一家人商量决定暂时维持原来的生活状态，等小林中考后再商量这件事情。小林也表示愿意慢慢去接受与理解父母的处境，只是需要一点时间去消化与调适。

看到小林慢慢平复焦虑与不安的情绪并且重新投入中考备考中，我终于松了一口气。整个沟通过程中，我积极倾听、同理小林的处境并与小林共情。父母通过采用修复错误三部曲，重新修复关系，承认错误并向小林道歉，并把爱的讯息传递给孩子，重新与孩子建立连接赢得孩子的信任。最后小林慢慢地接受与理解父母的处境。

自我反思

我在小林的这次事件中深刻感受到，许多孩子出现的问题都与家长有千丝万缕的关系，父母离异对孩子的影响和伤害很大。作为教育者，如何引导孩子正确看待父母离异与对自己的爱的关系至关重要。

作 者 信 息

姓　名：谌璐　　单　位：广州市第一一三中学陶育实验学校

# 不负时光，不负己
## ——引导初中生探讨时间管理之道

　　"双减"政策落实以来，同学们可自由支配的时间增多，然而随着学业难度的加大，科目的增多，一些问题也随之产生。问卷调查数据显示，面临初三，许多学生仍被各种无关紧要的琐事耽误了太多的时间，导致在日常的忙乱中分不清任务轻重缓急，不善于合理分配时间，时间的利用率不高。作为学生的引路人，我设计了本节班会课，帮助学生合理制订课余时间管理计划，从而利用时间实现自我，做到不负时光不负己。

　　师生共创正面教育的氛围，以小组为单位，借助多模态的思维可视化工具，通过启发式问题循循善诱，创设问题情境，引导学生从不同角度和深度思考，分析、推理和辨识问题，生成性地表达自我，将时间轴和时间四象限运用到自我课余时间的合理规划中，旨在建立一个螺旋上升的致力于解决问题的任务驱动式方法体系。

**教具准备**

白纸，架子，大头笔，话筒，吸铁，青少年时间管理倾向问卷调查表。

**正面教育工具应用**

致谢，启发式问题，头脑风暴，角色扮演。

**教学实录**

## 一、毕业致谢

**设计意图** 借助毕业季，通过传递同学之间的感动和温暖，用感恩致谢的话语创设关心、尊重和互助的班级氛围。

【时长】5分钟

**师：**时光匆匆，初三（1）班承载了我们太多美好的遇见，比如遇见合作、遇到难题，许多同学会利用课余时间相互讨论，答疑解惑。因此，同学们如果能在这场谢幕中附上致谢词，你最想感谢的人是谁呢？你最想对他说什么呢？请你们大胆地走上来，大声表达爱、感受爱吧！

（学生围成圈，两两相互致谢）

**师：**老师刚才注意到同学们的致谢文明有礼、真挚诚恳，有哪位同学愿意与我们分享一下你的致谢呢？

**生：**我要感谢我们的班长，她总是在我迷茫时给我指点迷津，和我一起讨论分析数学题。谢谢你，方雨然同学！

**生：**谢谢你，唐涛！

**师：**还有吗？

生：我要感谢孙颖同学，在我最困难的时候给予我信心，让我重拾勇气，谢谢你！

生：谢谢你，王明！

师：我要谢谢全班同学，初三备考繁忙之余，每位同学心有彼此，热爱班集体，积极配合老师的工作，使我们的班级建设有条不紊，阳光温暖。谢谢大家！

生：谢谢您，宋老师！

## 二、提出问题

创设情境提出问题，引出班会主题。

【时长】5分钟

师：谢谢大家！离中考越来越近了，彬彬感到很苦恼，想知道是什么原因吗？请同学们一起来欣赏一部情景剧《彬彬怎么了？》。

（学生观看情景剧，描述彬彬的困惑）

师：看完情景剧，你能感受并表达出彬彬的困惑吗？

生：彬彬很忙乱，不知道如何安排时间，这使他很困惑。

生：彬彬活动过多，时间不够，与中考冲突，这使他很困惑。

师：是的，彬彬在日常的忙乱中，失去了对事情轻重缓急的判断，无法合理地分配时间，这使他很困惑。同学们，这样的场景你们熟悉吗？我们应该怎样做到管理时间不困惑，冲刺中考不焦虑，做到不负时光，不负己呢？今天，我们将一起来探讨。

## 三、分析问题

促进自我对时间管理方法论的认知和理解，学会用简短的句式进行清晰表达。

【时长】10分钟

**师**：苦恼的彬彬来到了我的正面教育工作室，递给了我一个时间管理问题咨询表。请同学们花一分钟看看这几个问题：

在日常生活中，

（1）我们将事情分成了哪几类？

（2）什么是重要的事情？什么是紧急的事情？

（3）处理的顺序是怎样的？

（4）处理的原则是什么？

（5）我们人生的主要时间和精力应该放在哪类事情上？为什么？

下面让我们带着这几个问题观摩学习视频《四象限时间管理法》，一起来帮帮彬彬吧！

（学生观摩视频，讨论帮助彬彬分析时间管理的问题）

**师**：小组成员可以围圈讨论你们的问题，计时三分钟，然后以小组为单位上台作分享！

**生**：大家好！我们是第一小组成员。在日常生活中，我们通常将事情分成4类，分别为重要且紧急的事情、重要但不紧急的事情、不重要但紧急的事情、不重要也不紧急的事情。

**生**：如果要给他们排序，我们应该先做重要且紧急的事情，然后做重要但不紧急的事情，其次做不重要但紧急的事情，最后做不重要也不紧急的事情。

**生**：对于重要但不紧急的事情，必须完成，但可以慢慢做。对于不重要但紧急的事情我们可以找别人帮忙做，而不重要也不紧急的事情，如果是我们感兴趣的，可以少花时间或者等到放松时间再做。

**生**：我们应该把自己的主要时间和精力放在重要且紧急的事情上，因为这类事情对于我们人生的发展很重要，这样才可以大大提高我们的时间利用效率。

**师**：感谢大家的积极思考，老师注意到有几个问题各小组有一定的分歧。比如：重要且紧急的事情我们应该优先做，重要但不紧急的事情我们可以规划着做，但是我们人生的主要时间和精力到底应该放在重要且紧急的事情上还是重要但不紧急的事情上呢？我们不妨思考一下，如果我们人生的大部分时间和精力都放在重要且紧急的事情上，那我们是否感觉每天都过得非常匆忙？但是，如果我们把20%的时间和精力都放在重要但不紧急的事情上面的话，不仅可以大大减少重要且紧急的工作量，走在时间的前面，而且会让我们有充足的时间把每一件事情高质量做好。

## 四、解决问题

 运用时间管理的方法论帮助彬彬解决学习生活中的实际问题。

【时长】4分钟

**师：** 我们已经帮助彬彬了解了四象限时间管理法，下面你们能帮助彬彬把他接到的各项任务列入四个象限中，然后排列优先顺序吗？

（以小组为单位，将彬彬的待办事项列入时间管理四象限中）

**师：** 请大家接着思考，对于彬彬目前的状况而言，他应该最先处理什么事情？为什么？小组成员可以围圈讨论你们的问题，计时两分钟，请同学们迅速就座，派代表进行发言分享。

**生：** 大家好！我们是第二小组成员。我认为图书馆看杂志是不重要也不紧急的事情，他的目标是冲刺中考，看杂志对于他的学习没有太大帮助；英语演讲比赛是重要且紧急的事情，作为班级重要选手之一，老师很器重他；学生会干部商讨文明评比方案是不重要但紧急的事情，与中考无关，可以交给别人去做；语文小测和足球比赛都是与中考息息相关的事情，是重要的事情，但是足球比赛周六才参加，可以推迟再商量。对于目前的彬彬而言，他应该复习语文小测，这才是最重要且紧急的事情。

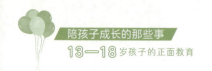
**师：** 刚刚同学们在对彬彬事件进行划分的时候，会发现有些部分会有重叠，那是因为我们每个人的人生观价值观不一样，所以我们对事情进行归类的时候也会存在差异。

## 五、迁移应用

针对课前问卷调查学生出现的时间管理问题，学以致用，集思广益，制订迎接中考的课余时间管理计划，体验合理的时间管理给学习生活带来的成效。

【时长】15分钟

**师：** 彬彬听了大家的建议后，豁然开朗，他运用时间管理四象限梳理了任务的轻重缓急，用时间轴制订了一份适合自己的时间计划表，并分享了他迎战中考的时间管理感言。我们一起来看看吧。

（学生观摩学习彬彬制作的多模态微视频）

**师：** 同学们，彬彬的时间计划表对于在座的你是否有启发呢？还记得班会前我给大家做的问卷调查吗？数据显示，超过60%的同学课余时间主要用来玩游戏、看剧和看动漫，通过这节课的学习，大家是否已经意识到了这类事情属于哪一类型？如果时间不允许，我们应该怎么做？

**生（齐）：** 不重要也不紧急的事情，我们应该放弃不做。

**师：** 离中考仅剩一个月的时间，我们如何利用所学做好我们的课余时间管理，做到不负时光，不负己呢？相信在座的你们已经跃跃欲试了，请大家运用时间管理的小工具如时间管理四象限和时间轴，一起来付诸实践吧！最后别忘了也要像彬彬那样，分享1～2点你们冲刺中考的时间管理小法宝哦！

**生：** 我们是第三小组成员。许多重要任务都要花费大块的时间不间断地完成，周末便是这样一个难得的整块时间。我们尤其需要为整块的时间制订一个时间表。周五晚上我们一般会先完成两到三科作业。

生：周六上午会用来听网课或者做题，中午吃完饭后休息下午两点开始继续完成学校的作业，大概到五点半的时候下楼运动放松一个小时再回家，晚上也会用来上网课或者做题，做完这些之后会看电视或者做其他的放松一下。

生：周日的安排也和周六差不多，不过晚上在完成学校的作业后可整体梳理一遍一周以来学习的知识点，复习一下笔记，完成得早的话也可以放松一下。我们的时间小法宝：把时间填满不是本事，知道如何在正确的时间点填入正确的内容，然后认真执行才是真本事。

## 六、总结升华

反思、反馈、约定、督促和跟进将这些办法付诸实践。

【时长】1分钟

师：通过这节课的学习，同学们能用一句话总结一下时间管理的小法宝吗？

生：时间管理的关键是掌握优先级，把重要的事情放在第一位。

生：着眼于长远的目标，将时间分配到最有价值的事情上。

师：看来同学们都领悟到了时间管理的要领，希望大家在以后的学习生活中，能经常有意识地运用我们今天学到的办法付诸实践，利用时间这一资源来实现自我，实现更多自己想做的事情。

## 七、课后反思

优点：

### 1. 注重学生课堂的情感体验

教师在本节课中以一种积极、有帮助、鼓励和赋予学生力量的方式，让学生通过合作，讨论、体验并参与到一个和自己相关的时间管理问题情

境中来。

### 2. 不评论，不过多干涉

教师对学生的回答不作过多干涉，必要时表达自己的观点，体现在教师活动环节后的小结中，有利于强化学生的理想信念教育，同时推动优良的班风学风建设。

**不足：**

需加强对人生价值观的引领。从学生的回答来看，学生对日常事务的归类可能会有重叠且存在差异，教师要清晰、坚定地加以阐释和说明，激发学生对人生规划价值取向的思考。

**海报设计：**

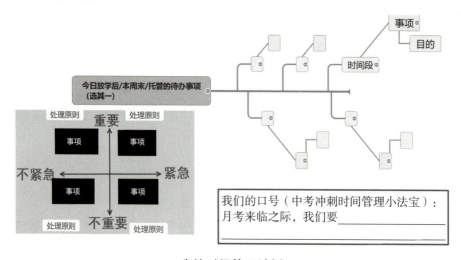

我的时间管理计划

作 者 信 息

姓　　名：宋薇　　　　　　　　　　　单　　位：广州市南国学校

# 奋斗正青春，迎接新挑战
## ——对"如何解决初中新挑战"的探讨

行为描述

　　初中生正处于由少年向青年过渡的时期，精力充沛，兴趣、爱好广泛，情绪波动比较大，注意力难以长久集中。随着学习压力越来越大，很多同学出现了学习困难、效率不高、学习兴趣不浓、成绩不理想等问题，甚至逐渐失去了学习动力。究其原因，一个很重要的方面是大多数同学在面对挑战的时候不知怎么去应对。

　　因此，通过关注初中的挑战事件，找到应对挑战的方法，提高他们的学习效率和动力就显得尤为重要，这也有助于培养学生乐学、善学的核心素养。

解决方案

　　本课程先通过观看视频《我们的开心时刻》，在激发学生兴趣的同时引起学生对挑战的关注，接着通过头脑风暴和小组合作让学生学会找到自己在初中面对挑战的解决办法，帮助学生认识到积极面对挑战的重要性。

教具准备

　　PPT，磁卡，白纸，卡纸，发言话筒，计时器。

致谢，解决方案桌，头脑风暴，"爆米花"式发言。

## 一、致谢

> **设计意图** 热身、建立连接、营造安全沟通的氛围。学生依次致谢，训练学生的表达能力。
>
> 【时长】3分钟

**师**：同学们，一学期很快就过去了。在这一学期当中，你们有哪些想要致谢的人呢？在这里，老师想先表达我的感谢，我要感谢江书艺和王紫淇，因为这两个同学主动帮我承担了记录员的工作，让老师可以坐下来，安静地听你们的发言。谢谢你们！还有哪位同学愿意与我们分享一下你的致谢吗？

**生**：涂老师，谢谢你！因为你对我的信任，我才能够变得越来越优秀！

**生**：刘雨嘉，谢谢你！因为你的陪伴鼓励，我才能在伤心的时候有足够的勇气。

## 二、议题讨论

> **设计意图** 描述问题，引导学生探究问题成因，培养学生专注于问题的解决。
>
> 【时长】14分钟

（视频导入——《我们的开心时刻》）

**师**：我们表达了自己的感谢，我相信当我们在表达感谢的时候，我们把一种爱和温暖传递给了对方。也许，看了下段视频之后，同学们会有更多的感受，能够触动我们初中当中更多欢乐和幸福的事情。

（视频呈现学生进入初中以来各种生活和活动的美好瞬间）

**师**：孩子们，进入初中之后，有哪些开心的事情呢？请你和我们分享一下，好吗？

**生**：进入初中后，最开心的是交到了很多好朋友，开心难过的时候，都有人分享。

**生**：我最开心的是，在数学方老师的帮助下，我的数学成绩终于提上来了。

**生**：我最开心的是，我终于成长了，理解了学习的重要性。

**生**：我最开心的是，我们举办校运会的时候，一起加油、一起哭笑、一起鼓励！

（问题探讨）

**师**：我发现，我们有被帮助的开心，有团体合作的开心，有为班级各项事物努力奋斗后收获的开心。但有时候，生活就是这么矛盾的，有开心的时候，也会有不开心的时候。我们把"担心""挑战"或者"令我们感到难过、困扰的事件"，称为"挑战的事件"。回忆一下，进入初中以来，你们觉得，对我们有挑战的事件，都有哪些呢？用30秒回忆一下。

**生**：我的挑战是艺术节我突破了自我，参与了话剧表演，做了之前从未做过的事。

**生**：我的挑战也是各位的挑战，即该如何提高成绩。

**生**：我觉得进入初中后学习任务繁重，我最大的挑战就是如何合理安排时间。

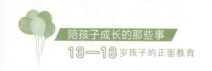
生：我最大的挑战是，开始出现与父母相处困难、容易发生冲突的现象。

（挑战投票）

师：我们一起来看看，怎样面对我们生活当中的这些新挑战呢？今天主要解决两个挑战的内容，请同学们将你们手上的两张票投出来。投票开始。

（书记员唱票）

师：现在公布，挑战一的内容：如何提升成绩？挑战二的内容：如何安排学习时间？

（分组讨论）

### 1. 阐述原因

师：请各小组用20秒想想哪一个是我们小组的任务，我们该如何解决，选出你挑战的内容。接下来，我们采取小组讨论的方式来解决我们的挑战内容。我们在解决问题的时候，要注意什么呢？

生：首先，要遵循3R1H原则[①]，即要尊重的、合理的、相关的和有帮助的。

生：同时，解决方案要清晰、具体、可操作或者可执行。

师：是的。哪位同学能举个例子？

生：比如如何提高学习成绩。有些同学说：老师，这个我学过，就是要选择正确的学习方法。大家觉得这是清晰的吗？或者具体吗？清晰是够清晰，但具不具体？

生：不具体。

生：我们换个角度，我要好好预习一下，每节课课前，我都要给自己留出2分钟，预备铃一响，就快速回到座位，预览一下本节课要学的内

---

① 正面教育中的3R1H原则，是指相关的（Related）、尊重的（Respectful）、合理的（Reasonable）、有帮助的（Helpful）。

容，找出我不会的东西，上课的时候我就要重点听。大家觉得这是一个提高成绩的方法吗？

**生：** 是。

### 2. 围绕解决方案进行讨论

**师：** 请各位组长想好之后，领取纸和笔，分小组进行讨论。可以先写挑战内容，再写解决方案。每个小组有6分钟的时间准备，请大家围圈坐下讨论。然后，时间截止时结束讨论。

## 三、议题汇报

 小组汇报，培养学生专注于问题的解决。

【时长】10分钟

**师：** 下面有请我们小组分享我们讨论的结果。当某个小组在分享的时候，其他小组应该怎么做？

**生：** 认真倾听。

**师：** 对的。如果小组有相同的结果，就略过，后面的小组主要是做补充。

**生：** 我们组分享的是挑战一：如何提升成绩？我们组有以下几种方法：（1）合理安排学习时间；（2）不懂就问；（3）整理错题本；（4）向身边优秀的同学学习适合好的方法；（5）自觉自律；（6）多查漏补缺。我们组分享完毕，谢谢大家！

**生：** 我们组分享的是挑战二：如何安排学习时间？我们组有以下几种方法：（1）利用课前3分钟，背诵一个知识点；（2）利用睡前10分钟，进行文科的冥想背诵；（3）利用早起的10分钟，对前晚背诵的知识点回忆巩固；（4）制订科学的课间学习计划表；（5）利用自习课时间，查漏补缺，专注整理错题集。我们组分享完毕，谢谢大家！

## 四、具体措施

设计意图：角色扮演，确定具体措施，提醒学生专注问题解决的实际操作。

【时长】10分钟

**师**：静静地思考一下，选择两项挑战当中的一个内容，并选取其中你觉得最适合自己的面对挑战的方法。用这样的句式来组织语言：

我的挑战内容是＿＿＿＿，我将采用的方法是＿＿＿＿，我接下来会怎么做。

**师**：大家围圈就座，有2分钟的时间进行分享。现在，我们各组派一名代表来进行分享。每个同学采用的办法，你可以用语言的方式，也可以小组合作做一个角色扮演的方式，哪一组先来？

**生**：我们组的挑战内容是如何提高成绩，我们将采用的方法是向身边优秀的同学学习，我们接下来会采用角色扮演的方式呈现我们的具体做法。

**场景一：**

**旁白**：小明由于成绩一直垫底，很是苦恼，所以决定发奋学习。这天，刚刚上完数学课，小明皱起了眉头——他上课时有一道题没有听懂。此时，他想起了学习成绩优异的小刚，于是，不好意思地拿着数学书来到小刚面前。

**小明**：小刚，这道题我上课没听懂，麻烦你给我讲一下，好吗？

**小刚**：好呀！这道题其实挺简单的。你看……

**旁白**：小刚给小明认真地讲解了题目。

**小明**：谢谢你，小刚，我想请教你为什么你的成绩总是名列前茅，而我不管怎么努力，成绩却总是上不来？你是不是有什么学习方法？快教教我吧！

**小刚**：好吧！那你要好好听哦！首先，遇到错题的时候你要拿一个错题本写下来，然后找同类型的题，每做一道同类型的题，你就会攻克一个难关。

**旁白**：小明似懂非懂地点了点头。

**小刚**：还有呀，语文平时要多积累，多读书，你看上回那道题，不是因为你没有多积累而做错吗？

**小明**：嗯，我以后一定多读书。

**场景二**：

**旁白**：小明在家中学习。（小明表演认真读书的样子）

**场景三**：

**老师**：同学们，明天就是期中考试，我们一定要认真做题，争取考出好成绩！

**同学们**：好的，我们知道啦！

**旁白**：第二天，在考场上，小明认真地做着每一道题，他很快就做完了。做完后还不忘检查几次。考试后几天，试卷发下来了，小明居然提高了20分。他开心极了，于是下课后立马去找小刚。

**小明**：小刚，你的学习方法太有用了，谢谢你，都是因为你我的成绩才会突飞猛进。这次进步了20分。

**小刚**：不用谢啦，大家都是同学，互相帮助也是应该的。以后，我们互相学习，取长补短，这样能更好地提高我们的成绩。

**师**：谢谢我们小组的精彩表演。我想，在小组合作学习的过程当中，不仅仅收获了成绩，有时候也收获了友谊。

## 五、跟进（执行表）

设计意图

通过跟进执行，检验方法的有效性。

【时长】2分钟

**师**：请大家拿起手中的"奋斗正青春，迎接新挑战"跟进执行表，回去后把刚刚我们选择挑战的内容和方法写下来。从今天开始，用一周的时间，我们每天进行监督。大家注意一下，挑战的方法是你刚刚想到的具体做法，你可以在每天晚上睡前去回忆一下，这样做的效果到底怎么样，以此来帮助自己检验方法的有效性。

"奋斗正青春，迎接新挑战"跟进执行表

| 我的挑战 | |
|---|---|
| 我选择的方法 | |
| 我的做法 | |
| 周总结 | 我完成得＿＿＿＿＿＿＿＿＿＿＿＿＿＿＿＿＿＿＿＿ |

## 六、总结

 通过提问，引导学生总结本节课中心内容。

【时长】1分钟

**师**：同学们，我们刚刚说了这么多面对挑战的方法和内容。想一想，我们最大的挑战来自哪里呢？

**生**：来自自己。

**师**：是的。我们最大的挑战来自自己。那面对挑战的时候，同学们，你们准备好了吗？让我们努力去迎接生活当中所有的挑战吧！

## 七、课后反思

**优点：**

1. 注重课堂教学的有效性。以《我们的开心时刻》视频导入，营造了一种轻松、愉快、积极的课堂气氛，让学生在一种愉快的情绪状态下参与课堂，为之后做好铺垫。

2.　引导学生自主合作学习，让学生快乐积极参与。培养了学生主动学习、合作学习的能力；学生通过合作和分享，不断丰富、扩展自己的经验，不断激发学习的愿望，满足挑战自己的需求。

3.　学生发言积极主动，符合3R1H原则。

4.　学生角色扮演生动活泼，达到情感体验，引起观众共鸣。

**不足：**

1.　课堂设计各个教学环节之间的衔接不够紧密，环节间的过渡还不够顺畅。

2.　有些教学方法，比如合作学习的开展还比较肤浅，部分小组还不能有效地进行分工合作，没有发生更深层的认知活动。

3.　在40分钟时间内完成课堂教学，时间显得比较仓促。

**海报设计：**

| 挑战的事件 |
| --- |
| 1. |
| 2. |
| 3. |
| 4. |

| 第_____组 |
| --- |
| 挑战_____：_____ |
| 解决办法： |
| 1. |
| 2. |
| 3. |

作 者 信 息

姓　　名：涂霞　　　　　单　　位：广州市天河区明珠中英文学校

# 家的天空

## ——对"亲子关系紧张"的探讨

**行为描述**

　　良好的家庭关系，对青少年的成长发挥着积极的作用。本学期，我们班学生返校复学后有些孩子问题突出，每个问题孩子的背后都可能有一个问题家庭。我们不去责备家长们，因为三年疫情，他们也可能经历了各种挫折，承受了很大的压力。这些来自社会的压力在不自觉中会传导到孩子身上，作为孩子也没有办法改变家长，但是我们可以引导孩子多一些理解、包容，相互支持来改善家庭氛围不和谐、家庭关系紧张的情况。

**解决方案**

　　1. 通过绘制"家的天空"，引导学生察觉并接纳自己的家庭关系。

　　2. 通过充当天气分析师，引导学生以辩证的角度看待家庭关系与家庭氛围。

　　3. 通过天气改良计划，引导学生通过头脑风暴探讨优化家庭关系的方法，如积极的暂停，我信息和反射性倾听，家庭会议，学会识辨和预见感知他人的情绪，等等。

**教具准备**

　　PPT，计时器，马克笔，卡纸。

致谢，头脑风暴，积极的暂停，我信息，反射性倾听，3R1H原则。

教学实录

## 一、致谢

设计意图　　热身，建立连接，由致谢开始，形成发现美、感恩的习惯。

【时长】2分钟

**师：**同学们，在生命中，你最想感谢谁？为什么？

**生：**我最想感谢我的奶奶，因为她从小把我带大。

**生：**我最想感谢我的爸爸，因为当我遇到挫折时他总是鼓励我。

**生：**我最想感谢我的妈妈，因为她每天都照顾我，接送我上学、放学，给我做好吃的。

**师：**好的，在刚才的致谢中，很多同学都说道生命中最感谢的人是爷爷、奶奶、爸爸、妈妈，这些都是我们的家人。那什么是家呢？这就是本节课的主题：家的天空。

## 二、*Family*视频导入

设计意图　　激发学生对家的情感，引入话题——家的天空。

【时长】3分钟

**师：**让我们一起观看*Family*视频。（学生欣赏视频）

**师：**同学们，什么是家呢？

生：家是避风的港湾。

生：是情感的寄托。

生：是心灵的归宿。

生：是温暖的地方。

……

### 三、家的天空

　　学生通过绘画观察自己和同学的家庭关系和家庭氛围。

【时长】6分钟

师：每个家庭都是一个小世界，每个小世界都与众不同，在我们的小世界里，家的天空是什么样的呢？让我们一起走进"家的天空"。假如这个圆就是"家的天空"，请同学们用彩色笔绘制"家的天空"图，其中黄色代表晴天（欢乐共处），绿色代表小雨（偶尔有摩擦），红色代表狂风暴雨（激烈冲突），黑色代表阴天（抵触压抑）。时间到！请同学们以不记名方式将自己绘制的"家的天空"交给组长，请第一、第二组互换，第三、第四组互换，第五、第六组互换，请组长展示对方组绘制的"家的天空"。

### 四、天气分析师

　　通过充当天气分析师，引导学生以辩证的角度看待家庭关系和家庭氛围。

【时长】12分钟

师：请大家认真观察咱们班小伙伴绘制的"家的天空"并思考如下问题：

（1）观察小伙伴们绘制的"家的天空"图，你有什么发现？

（2）观察小伙伴们绘制的"家的天空"图，你有什么感触？

（3）在"家的天空"中，你认为哪一种天空是最美好的，为什么？

**师：**观察桌面的图片，大家有什么发现？

**生：**没有哪个同学家的天空是只有一种颜色的。

**生：**家的天空是色彩斑斓的。

**生：**有些同学家的天空中黄色比较多，有些绿色、红色比较多。

**师：**是的，同学们都说得很好。看到小伙伴们绘制的"家的天空"，你有什么感触？

**生：**看到同学们的家的天空阳光灿烂，而我的家的天空中阴雨比较多，我好羡慕他们。

**师：**（拍拍肩膀）老师相信通过这节课的学习与探讨，你会寻找到方法去改良自己的家的天空。

**生：**看到同学的家的天空后，我现在能理解为什么有些学生的性格比较孤僻或者脾气比较暴躁。

**师：**嗯，你是一个很幸运、很有能量的孩子，你能否把爱、温暖与光芒带给班上其他同学呢？

**生：**能。我在今后会给他们更多的帮助与温暖。

**师：**好，谢谢。在"家的天空"中，你认为哪一种天空是最美好的，为什么？

**生：**我认为"家的天空"中黄色占比多一些代表家庭生活和睦，同时，有一部分是绿色、红色和黑色代表偶尔出现摩擦与冲突，因为家庭生活中不可能没有矛盾。

**师：**是的，家的天空未必只有晴天才好，也不可能只有一种天气，正如我们的家庭，再幸福的家庭也有阴雨，再寒冷的家庭也有温暖。我们这个班级就像一个大家庭，有些同学很幸运，家庭很幸福，有些同学比如说

（展示图片）这张图片，黑色、红色的天空比较多，这个同学可能家庭生活并没有那么幸福。这些同学的家庭生活中发生了什么呢？下面我们一起来帮助这些同学寻找家庭生活中与父母常见的摩擦、冲突，并完成海报设计好不好？限时4分钟。

师：时间到，哪一组先来分享呢？

生：（第五组）我们先来。

师：好，请各组同学们认真听，重复的观点用三角形做好标记，不需要再重复说。

生：我们组讨论出来的与父母常见的摩擦、冲突有：（1）因手机使用时间产生的冲突；（2）代沟、思想观念不一致导致的矛盾；（3）父母过于强势。

师：谢谢分享，请粘贴大使把海报粘贴在黑板上，其他组还有补充吗？

生：（第三组）我们组。

师：好，你们补充几点？

生：两点。（1）因交友选择与父母意见不一致产生的矛盾；（2）因作息时间引起的冲突。

师：谢谢分享。请粘贴大使展示出来，其他组还有补充吗？

生：（第四组）我们补充一个观点，因成绩产生的矛盾，没考好，被父母责骂，但是我们已经尽力了。

师：好。请粘贴大使把海报粘贴在黑板上。其他组还有补充吗？

……

## 五、天气改良计划

**设计意图**　引导学生掌握一些优化家庭关系的方法。如积极的暂停、我信息、反射性倾听、家庭会议、换位思考等。

【时长】14分钟

**师**：虽然我们无法选择出生，正如我们无法改变天气，但是"家的天空"是可以改善的。刚才大家已经寻找到了家庭生活中与父母常见的摩擦、冲突，现在我们一起来寻找方法，帮助改良"家的天空"，让同学们家的天空中晴天多一点，好不好？请同学们分组讨论并完成海报设计。限时5分钟。

**师**：时间到！哪一组先来分享呢？

**生**：（第六组）我们。

**师**：好，请各组同学认真听，重复的观点用三角形做好标记，不需要再重复说。请第六组分享你们的方法。

**生**：我们找到三种方法来改良家的天空。（1）积极的暂停，当发现与父母将要发生冲突时，先暂停，停止争吵；（2）第三方调节，我们可以找到爷爷奶奶来当第三方公证人；（3）召开家庭会议共同探讨解决方案。

**师**：谢谢分享，你们平时在家召开过家庭会议吗？

**生**：每周都会召开家庭会议。

**师**：好，谢谢分享。其他组还有补充吗？

**生**：（第二组）我们有补充。

**师**：你们补充几点？

**生**：三点。（1）换位思考；（2）反射性倾听，理解父母的感受；（3）我信息，表达我们当时的心情，让父母也理解我们的感受。

**师**：好，谢谢分享。其他组还有补充吗？

**生**：（第五组）我们有补充。

**师**：你们补充几点？

**生**：我们补充两点。（1）察言观色，发现父母脸色不对劲了，我们就要乖一点，以免惹父母生气；（2）幽默化解，我们可以用幽默的语言调节一下家庭氛围。

**师**：好，谢谢分享。还有补充吗?

**生**：我们可以一起做一些大家都喜欢的事情，如看一场电影。

**师**：好，同学们刚才都分享得很好。请粘贴大使帮忙粘贴海报。

## 六、感想与收获

设计意图：通过分享感受与收获，引导学生回顾本节课讨论的内容以及总结和升华。

【时长】3分钟

**师**：从同学们的分享中，可以看出通过本节课的学习，同学们都收获满满，下面请大家来分享一下本节课你的感想与收获。

**生**：通过本节课的学习，我知道了家庭氛围是可以营造的，学习了一些改善家庭关系的方法。

**生**：看到同学们绘制的"家的天空"，我觉得自己是一个很幸运的人，因为我的家庭生活很幸福，我在今后的学校生活中会多给予同学温暖和关心，多去帮助他人。

**师**：月有阴晴圆缺，天气既有阳光明媚，也有风雨飘摇，我们的家庭氛围也如此。我们虽然无法选择出生，但是我们可以通过自身的努力去改善家庭关系，营造和谐、温暖的家庭氛围。我们班也是一个大家庭，希望大家彼此能包容接纳，多一些温暖与关心!

## 七、课后反思

优点：本节课达成了三个教学目标，流程比较顺畅，环节清晰，学生的参与度也很高。学生能够灵活运用正面教育的工具，如积极的暂停、我信息、反射性倾听、家庭会议解决问题。

不足：少部分同学在绘制"家的天空"图中没有认真绘制。此外，同学是否真实地通过"家的天空"反馈家庭关系和家庭氛围，有待跟进。

海报设计：

| 家的天空 |
| :---: |
| 各组与父母常见矛盾、冲突海报展示 |
| 各组解决矛盾、冲突方法海报展示 |

作 者 信 息

姓　　名：谌璐　　　　单　　位：广州市第一一三中学陶育实验学校

# 拒绝乱丢垃圾，争做文明学生
## ——对培养学生卫生意识的探讨

**行为描述**

乱丢垃圾一直是我们学校德育管理的一大难题。不仅校园里面如此，这几周，我们班级这种现象也比较严重。虽曾多次宣读禁止乱丢垃圾的规定，但是初一大部分学生道德形成还处在他律阶段，还没有真正形成道德自觉。这些规定对于学生来说又很生硬，导致规定的作用收效甚微。

**解决方案**

本节课由问题导入主题，激发学生的兴趣。通过情境再现、头脑风暴的方式，让学生探究原因，认识到乱丢垃圾背后的深层原因和可能存在的安全隐患，展现内心的需求。通过小组讨论的方式，能创造性地设计杜绝乱丢垃圾有关活动及方案，并能把本课设计的活动和方案运用到实际生活中。

**教具准备**

PPT，发言话筒，油性笔，大白纸，卡纸，计时器，铃铛。

**正面教育工具应用**

致谢，头脑风暴，小组讨论，投票，角色扮演。

## 一、致谢

热身，建立连接，营造安全沟通的氛围。学生依次致谢，训练学生的表达能力。

【时长】3分钟

**师**：请大家静思一分钟，回顾在过去一周的学习生活，反思自己及班级的情况；回顾上周的学习与生活，小组分享自己或班级做得好的方面及还需努力的地方。你最想感谢谁？请你走到他/她身边致谢。（学生走动致谢，并且回应）

**师**：让我们一起回顾班会课原则——①符合3R1H原则；②轮流发言；③有闻必录；④不评判。

## 二、议题讨论

描述问题，引导学生探究问题成因，培养学生专注于问题的解决。

【时长】15分钟

（出示广州市创文通知及标语）

**师**：最近广州在创建全国文明城市，作为广州的一分子，我们该做些什么？

**生**：做文明市民，说文明用语，做志愿者参与到创文活动中去……（爆米花式发言）

（问题探讨）

**师**：同学们刚刚说得非常好，老师看到了大家对创文的热情。除了这

些，我们在学校内还可以做些什么呢？请大家看看这些图片（展示校园一些乱丢、乱扔的图片），这有利于我们学校及广州市创文吗？除了图片上的这些现象，我们还在班级和校园的哪些地方看到乱扔垃圾的现象？

生：饭堂、操场，大部分垃圾是饮料瓶或纸巾，主要集中在午休或放学后。

生：体育课或者各种比赛后操场及操场边的草地，垃圾多是饮料罐、食品包装袋。

生：还有课间或放学时垃圾桶旁、走廊的垃圾多为纸屑、饮料罐等。

**板书内容：**

（1）多垃圾地方：饭堂、操场、草地、垃圾桶旁、教室、走廊。

（2）垃圾类型：纸屑、饮料罐、零食包装等。

（3）多垃圾时间段：午餐后、放学后等。

（探索思考）

**师：**大家对我们班级及学校内乱丢、乱扔垃圾现象都非常了解，那么请大家思考以下问题：乱丢垃圾可能出现什么后果？同学们为什么会乱扔垃圾？

生：可能造成同学通行不方便，甚至可能踩到垃圾滑倒受伤；同学乱扔垃圾可能是因为图方便或者没有养成好习惯。

生：乱扔垃圾会污染环境，影响学校的氛围；同学们乱扔垃圾可能是因为附近没垃圾桶或者忘记把垃圾带走。

生：乱扔垃圾会使环境脏、乱、差，影响大家的情绪，乱扔垃圾的人很容易养成不好的习惯；他们乱扔垃圾可能是不重视环保，也可能是故意的，同学之间乱扔玩闹的。

**板书内容：**

（1）乱丢垃圾的后果：给他人带来不便或伤害，污染环境，破坏学校氛围，影响大家情绪，养成坏习惯等。

（2）乱丢垃圾的原因：除了懒、求方便、不重视、习惯不好外，还涉及心理层面：叛逆、侥幸、故意为难等。

（探寻方法）

分组讨论：每个小组选择学校里面的不同角色，如德育处主任、学生会干部、值日班、乱丢垃圾的人、旁观者等，各小组根据自己的角色，讨论如何解决在校园内乱丢垃圾的问题。

**师**：刚刚我们已经列出乱丢垃圾的原因及可能导致的后果，我相信同学们都不想在满地垃圾的环境中学习和生活。我们也已分析出同学们乱丢垃圾的原因，据此，大家认为应该从哪些部门、用什么方法解决这个问题？

**生**：德育处、学生会、值日班、乱丢垃圾的人、旁观者……

**师**：请各个小组认领自己的角色，根据自己的角色进行头脑风暴，注意3R1H原则，各小组记录讨论结果。用适合自己角色定位的方式汇报自己的方法。不同角色可以适当补充。时间为5分钟。

### 三、议题汇报

小组汇报，培养学生专注于解决问题的能力。

【时长】10分钟

**师**：接下来请从第一组开始，各组汇报员拿着海报依次进行汇报。

**生**：大家好！我是德育处的汇报员，我们讨论出了以下方法：班级分工+宣传+增设垃圾桶+树立榜样。

**生**：大家好！我是学生会的汇报员，我们小组讨论出的方法有：多巡查、贴海报或公告、贴指示牌等。

**生**：大家好！我是乱丢垃圾的人的汇报员，我们商讨的方法有：随身携带垃圾袋+互相提醒+多了解乱扔垃圾的危害。

**生**：大家好！我是旁观者的汇报员，我们讨论出了这些方法：协助+

劝告+宣传垃圾的危害及垃圾分类等。

**师**：我们八个小组都进行了汇报，大家有没有发现，哪些方法是每个组都有提及的？

**生**：我发现基本每个小组都会提及多宣传。

**生**：我发现很多小组提到让更多的同学参与到监督、相互提醒和宣传中来，共同将我们的班级和学校卫生监管得更好。

## 四、角色扮演

进行角色扮演，体验方法，在运用方法的过程中发现问题，使用课堂生成的新方法，促进学生运用。通过演后分享，深化体验后的感悟。

【时长】8分钟

**情境**：有人在篮球场打篮球，踩到一个绿豆沙罐，自己摔伤了，还弄脏了另一个同学的衣服。

**处理方式**：

**德育处**：分区由班级负责+加强巡查+及时反馈情况。

**值日班**：登记名字+学习垃圾分类。

**旁观者**：协助巡查+说服同学别乱丢垃圾。

**乱扔垃圾的人**：自带垃圾袋+相互提醒+少制造垃圾。

## 五、总结

通过"爆米花"式发言，引导学生回顾本节课讨论的内容和接下来要解决的问题。

【时长】4分钟

**师**：好的，孩子们请看海报，大家从不同的角度想出了很多方法，也体验了一些方法。老师欣喜地发现，很多同学学会了换位思考，能够感受到卫生管理工作的不易，懂得了相互提醒。但同学们，要从根源上杜绝乱丢、乱扔的现象，我们应该做些什么呢？

**生：**养成不乱扔垃圾的习惯、严格遵守管理制度、努力成为得力的学生干部、自律……

**师：**是的，最好的管理就是自律，这是我们解决这个问题的最好方法。同学们，乱扔垃圾会给环境及人们带来很多麻烦和伤害，今天同学们想了很多好办法，让我们的校园和班级变得更干净，更文明。让我们把这些好办法用在我们平时的生活中，不仅要自己自觉自律，还要用自己的行动去影响更多的人，做文明使者，一起营造干净文明的班级、校园、家园，为广州创文做出表率！

## 六、课后反思

### 成功之处：

1. 课堂引入自然，营造良好氛围：致谢环节的"静思一分钟"让学生主动反思，积极分享自己的得与失，走动致谢更是让学生自然融入正面教育班会课堂。

2. 课堂流程顺畅，基于问题解决：以问题导入主题，激发学生兴趣，结合广州创文活动以及学校、班级创文行动，以观看图片形式，联系实际生活引出问题。头脑风暴、角色扮演、情景再现，让学生在体验中发现问题、分析问题，从而解决问题。

3. 基于学生生成，体验真实情景：整个班会课堂气氛非常活跃又有序，学生自由大胆地表达自己的想法，而老师只做点拨式的提醒，遵循正面教育的理念——以学生为主体，尽情地让学生在表演中感受，在表演中找到解决的方法。最后，小组分享解决方案并用便利签书写文明行动，不乱扔垃圾的计划书，互相监督检查。

改进方向：

1. 引入议题时应该在学生汇报原因的时候再追问他们依据。

2. 分角色探寻方法应基于学生分析出的原因，让学生进行分类与投票，选出主要因素，在此基础上进行分组探寻办法。

3. 角色扮演后一定要采访扮演的学生选用方法的原因，体验的效果如何，问问其他观看的同学认为这些方法效果如何，以及如何改进。

**海报设计：**

### 小组讨论海报

| 地段及时段 | 原因 | 可能的后果 | 参与角色 | 处理办法 |
|---|---|---|---|---|
|  |  |  |  |  |

| 第　　组 | |
|---|---|
| 角　　色 |  |
| 解决方法 |  |

姓　　名：隆峰　　　　单　　位：广州市天河区汇景实验学校

# 我爱我家

## ——对"亲子关系紧张"的探讨

**行为描述**

八年级的孩子正处于青春期，自我意识较强，叛逆心理严重，常常会因为手机问题、学习问题等与家长产生矛盾，亲子关系紧张。

**解决方案**

1. 鼓励学生运用正面教育的工具处理与家长间的矛盾，进行了几周"爱的实践"。

2. 通过本节班会及时反馈交流，分享家中的温暖变化，同时反思不足，经历头脑风暴，同学们提出合理建议，继续改进方法，努力实践。

3. 通过观看父母的反馈视频，阅读家长写的信，了解家长的心声，让情感得到升华。

4. 制作心愿瓶，让情感得到释放，摆放于家中，每每看到，产生积极的心理暗示，提醒孩子和父母，家庭关系的改善并非一朝一夕，需运用正确的方法持之以恒，小步前进，最终一定能实现家庭温暖和谐的愿景。

**教具准备**

PPT，卡纸，发言话筒，心愿纸，心愿瓶。

正面教育工具应用

致谢，积极的暂停，我信息，反射性倾听，头脑风暴，3R1H原则，家庭会议等。

教学实录

### 一、致谢

设计意图

班会由致谢开始，形成发现美、感恩的习惯。

【时长】3分钟

**师：** 同学们，通过上次"家的天空"班会，大家都觉察了自己的家，并绘画了"家的天空"，有的晴空万里，有的阴雨蒙蒙，而我们作为家里的一分子，也想通过努力去营造更和谐温暖的家庭氛围，于是，我们进行了头脑风暴，思考了几种减少家庭矛盾的方法，经过了几周爱的实践后，你有没有要感谢的人？

"家的天空"主题

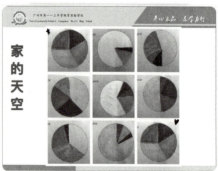

"家的天空"学生作品

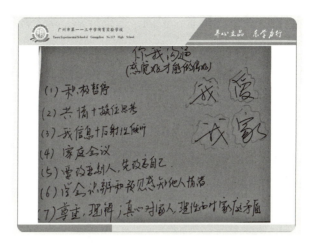

**沟通方法**

**生：**我要感谢我的姐姐，在我与父母发生矛盾时，我姐姐总会出来帮我们调解。

**生：**我要感谢我的班主任黄老师，感谢她建立起我与父母之间沟通的桥梁，让我也理解了父母的想法，学会了换位思考。

**师：**谢谢你，记得你和你爸爸就像火星撞地球一样，现在还会有冲突吗？

**生：**没有了，我学会了积极暂停，效果挺好的。

**生：**我要谢谢吕同学，他在我和父母产生矛盾的时候安慰我。

**生：**我要谢谢我的妈妈，每次我和爸爸发生矛盾的时候，她都会安慰、理解我，并帮我和爸爸沟通。

**师：**谢谢大家的致谢！

## 二、拇指评价

**设计意图**
激发学生进行自省、反思。

【时长】1分钟

**师：**请同学们闭上眼睛，用心反思总结这段时间的表现，认为自己表

现不错的，拇指朝上；认为表现一般的，拇指持平；认为表现不大好的，拇指朝下。

（大部分学生拇指朝上）

### 三、分享家里的温暖变化

可让拇指朝上的同学分享，学生自由回答，分享快乐，互相借鉴。

【时长】8分钟

**师**：你是如何利用"家的天空"班会中我们总结的方法解决你与父母间的矛盾的？分享一下你们家的温暖变化。

**生**：我之前和父母总是发生矛盾，觉得父母不理解我，比如我习惯晚上看课外书看到很晚，我觉得自己安排好了时间，父母却总是唠叨。自从运用了"我信息"与父母沟通后，父母了解了我的想法，增强了对我的信任。此外我也学会了换位思考、综合考虑，理解了父母的想法，现在少了争吵，家里氛围好多了。

**生**：我妈妈之前总喜欢将我和别人比较，然后我和她大胆地说了自己的想法，说我不喜欢这样比较，我知道妈妈对我寄予了很高的期望，但我也在不断努力，我有些方面也比别人好，希望妈妈能看到我的优点。此外，如果我拿自己的妈妈和别的妈妈比较，妈妈也会不开心吧，希望妈妈理解。运用了"我信息"和"反射性倾听"，果然妈妈从此不再拿我和别人比较了。

**生**：我之前一直觉得爸妈偏心弟弟，此外学习压力很大，他们总是认为我不努力，自从上次在班主任的帮助下我和爸妈沟通后，我们家就召开了家庭会议，大家敞开心扉沟通后，消除了很多误会，也理解了父母对我的期望，我现在感觉压力已经没那么大了。

生：我自己学习不自觉，令父母担心，而我的态度也不好，总会和爸妈吵架。以前我总觉得是他们管得太严，现在知道要改变别人，先改变自己；同时作为孩子，应该尊重、理解父母，说话语气要和缓。当我们观点不同时，看到父母生气了，我学会了积极暂停，我想，或许父母的有些想法我还无法理解，但是我应该学会坦然接受，先试行，而不是一开始就反驳，而爸妈看到我的转变，他们确实开心了挺多。

### 四、互帮互助，让温暖扩散

回顾做得不够完美之处，学会自省、反思，并提出问题寻求帮助；同学提供有效的建议；营造互帮互助，团结友爱的氛围。

【时长】12分钟

师：在这几周"爱的实践"中，有没有做得不够完美的地方或遇到什么问题无法解决？

生：我喜欢做科学实验，但我父母不支持我购买实验用品，觉得贵，也觉得危险，还觉得我不把心思放在学习上，我和他们沟通也没有效果。

生：我父母杜绝我玩手机，害怕我玩游戏，就算我想拿手机查单词或查其他资料也不允许，对我很不放心，我努力写完作业了，他们依然不肯给我手机。

师：下面请同学分组讨论一下，利用3R1H原则为两位同学提供帮助，限时6分钟。

第一小组：针对第一种情况，我们建议可以用写信的方式给父母罗列做实验的好处，并说明安全性，让父母放心，他们应该就不会那么反对了。

第二小组：（补充）作为学生，我们觉得应该先把学习放在主要位置，如果把学习搞定了，做好我们应该做的，再去发展兴趣爱好，那样父

母也会比较放心。

**第三小组：**（补充）我们觉得可以和父母召开家庭会议，大家再好好谈谈，商量两全其美的方法，比如可以规定时间、限定金额等。

**第四小组：**针对第二种情况，我们建议你可以将自己手机使用的情况截图给你父母看，自证清白，那么他们就不会怀疑你拿手机玩游戏了。

**第五小组：**（补充）我们觉得你可以和父母召开家庭会议，做好时间约定，比如完成作业可以玩半个小时的手机，如果是查资料，可以让父母帮忙查。

**师：**好的，感谢大家，希望两位同学能参考同学们的建议，再去努力实践，相信又会有不一样的收获。

## 五、父母反馈

设计意图　让孩子知道父母对自己的关注，感受到自己的细微转变都会给父母带来无比的快乐，同时了解到父母也在努力为家庭做贡献。

【时长】10分钟

**师：**昨天，小杰妈妈和我通了电话，说了小杰这段时间的变化，听得出来，妈妈比较感动，还说小杰给妈妈做了一道菜，妈妈和同事炫耀了一整天。同学们，妈妈给你们做了多少次菜，你们有数过吗？而你们可能只给妈妈做了一次菜，妈妈就感动得一塌糊涂，可怜天下父母心啊。昨天我在家长群知道了大家的可喜变化，有几个家长还录了视频，接下来请大家看看。

（同学们看得很认真，有的同学眼睛湿润了，偶有哈哈大笑，笑中带泪，看来同学们都走心了）

**师：**父母还给大家写了信，也请大家用心阅读。

**生：**原来我妈妈还挺肉麻。

**师：**是啊，有些家长不好意思说，就写出来了。

## 六、一起制作"我爱我家"心愿瓶

　　通过心愿瓶，许下美好心愿，运用积极的心理暗示，一切都会往更好的方向发展。

【时长】6分钟

**师：**每人发一个漂亮的心愿瓶，里面有心愿纸，请大家在心愿纸上写下自己的心愿，可以折成不同的形状哦。

**生：**我会折心形。

**生：**我会折千纸鹤。

**师：**把心愿瓶带回家，让父母也写下心愿放进去，和父母一起呵护它，并拍照放进班级群相册留念。

**生：**好!

## 七、总结提升

　　鼓励学生在课后继续践行"我爱我家"，继续用爱营造和谐温暖的家。

　　小结并鼓励学生继续在生活中实践，小步前进。

【时长】1分钟

**师：**同学们，上了今天这节班会课，你们有什么收获?

**生：**这节课教会我如何与父母更好地沟通，我会更体谅父母，多换位思考和反思自己。

**生：**与父母出现矛盾，要努力沟通，多思考解决的办法，少些叛逆心理。

**生：**我要学以致用，多实践，我爱我家，我愿意去学习，去改善我和

爸妈的关系。

**师：** 同学们都说得很好，是的，任何一个家庭关系的改善都非一朝一夕能实现，也不是每一次努力都能立竿见影，但我们的初衷都是相同的——我爱我家，希望同学们能一看到心愿瓶，就有努力的冲动，相信大家能运用正确的方法在生活中继续实践，小步前进，一定能营造一个温暖、和谐的美好家庭！

姓　　名：黄秋鸿　　单　　位：广州市第一一三中学陶育实验学校